大河鉴宝

精品鉴定录

大河鉴宝专家委员会 编著

中国书店

图书在版编目（CIP）数据

大河鉴宝精品鉴定录 / 大河鉴宝专家委员会编著. —
北京 : 中国书店, 2016.4
ISBN 978-7-5149-1415-3

Ⅰ.①大… Ⅱ.①大… Ⅲ.①文物 – 鉴赏 – 中国
Ⅳ.①K87

中国版本图书馆CIP数据核字(2015)第267136号

大河鉴宝精品鉴定录

大河鉴宝专家委员会 编著

责任编辑：柏　实
特邀编辑：刘　颖　王鹤洋

出版发行：中国书店
地　　址：北京市西城区琉璃厂东街115号
邮　　编：100050
印　　刷：北京文昌阁彩色印刷有限责任公司
开　　本：787mm×1092mm　1 / 16
版　　次：2016年5月第1版　2016年5月第1次印刷
字　　数：80千字
印　　张：14
书　　号：ISBN 978-7-5149-1415-3
定　　价：98.00元

序

《大河鉴宝精品鉴定录》的书稿清样我一捧在手中，便立刻引发了我的无限感慨和绵绵思绪，内心涌起了深深的敬意，产生了爱不释手的珍惜之情！

这是一本鉴宝精品鉴定录。所鉴之物能够称"宝"，不仅因为多数具有文物属性，而且其中有不少非常珍贵的文物。文物的特征：一是物质性。不论是偌大的故宫，或者是小小的一件古陶古币，它们都是历史文化的物质载体，都是人类历史发展的有形见证。二是时代性。所有文物都是一定时代的产物，无不带有时代的烙印，都蕴含着某个特定历史时期政治、经济、军事、科技、文化、艺术乃至人们的审美、风俗、习惯等诸多内容和信息，都是某个时代人们社会活动的遗存。三是时空决定了其具有不可再生性和不可替代性。毁掉一件，便永远失去了一个历史符号。虽然可以用现代手段予以复制，但复制品已经没有文化内涵和历史信息。所以，真正的文物何其珍贵！

河南古称豫州，位居九州之中部。中国八大古都西安、洛阳、南京、北京、开封、杭州、安阳、郑州，四大古都在河南。河南长期都是中国政治、经济、文化中心，因而，文化积淀极其厚重，是全国著名文物大省。有人说，在河南游走，无意踢踢脚，都可能踢到秦砖汉瓦；随便动动土，都可能发现唐彩宋瓷。如此皇天后土，如此物华天宝，自然孕育出持久而广泛的收藏热！

自从新中国成立，特别是改革开放以来，人们的收藏意识、收藏兴趣乃至收藏欲望越来越强；各地古玩市场如雨后春笋，古玩交易空前火热。有道是"盛世兴收藏"。收藏热的出现和不断加温，也从一定程度上折射出了社会稳定、经济繁荣、人民物质生活的不断提高、文化品位的相对提升。

为了服务于百姓收藏，中央电视台特意开设"鉴宝"专题节目。此节目一经开设，常年热播。此后，河南《大河报》于2004年6月开设"大河鉴宝"专版，特邀钱币及青铜器鉴定专家于倩，陶瓷鉴定专家乔红涛、李卫国，玉器及杂项鉴定专家张保龙，书画鉴定专家于建华,杂项鉴定专家于韬等数十位资深专家,组成了"大河鉴宝专家委员会"。其成员,不仅在河南鉴藏界是顶级大腕,在全国也享有很高声誉。他们有渊博的知识、善于洞察真伪的慧眼,同时谙熟收藏市场的行情,且有乐于服务社会的情怀。

这一专家团队利用《大河报》搭建的这一平台,开展半月一期的社会鉴宝活动,整整坚持了十年。他们的足迹踏遍全省,且多次应邀到外省举办鉴宝活动。每次活动,群众总是蜂拥如潮,少者数十人、多者上千人。专家们来去匆匆、风尘仆仆、劳力费神、疲惫不堪。十年间,经他们鉴定过的文物古玩数以万计。

活动结束,他们还要伏案撰文,为报纸收藏版提供点评稿件。更难能可贵的是,他们的许许多多工作,常常是无偿的,带有公益性,但他们始终乐此不疲,热情不减。若问何以如此?他们往往淡然答之曰:"喜欢。"其素养、作风、精神、情怀,怎么能不让人由衷地敬重呢!

《大河鉴宝精品鉴定录》一书,系大河鉴宝专家委员会选编。入选文稿当初在《大河报》收藏专版发表时,多数文章我都曾经拜读,今天再读,依然津津有味。因为这些点评,对每件藏品都尽可能地追溯历史渊源,引经据典地述说文化典故,细致入微地讲解可以作为鉴别依据的特征,实事求是地分析收藏的价值。全书文图并茂,林林总总,恍若一册实物案例性的历史读本,足堪视作鉴宝知识的自学课堂,也可奉为审美怡情的艺术小品,更可看成琳琅杂陈的古玩市场……所以我说一捧到书稿,便产生了爱不释手的珍惜之情!

我相信,这样的书受到广大读者的欢迎是自然的,受到广大收藏家和收藏爱好者的欢迎更是必然的!

尊专家们所嘱,我写下些许感受,聊为之序。

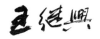

乙未中秋于松月斋

（王继兴,高级编辑,《大河报》首任总编辑,中国作家协会会员,河南省杂文学会会长,享受国务院特殊津贴。）

目 录

第二章
传承文化精髓的陶瓷鉴真

目　录

目　录

第一章
散发时代光泽的金属器鉴定

第一节　火眼金睛，辨真金白银

一、黄金

汉代　金饼

◎**藏品档案**

直径 5.4 厘米，厚 1.9 厘米，重 249.3 克。

正面光滑内凹，背面高低不平，边高中低；黄金成色约为 98%。

◎**市场参考**

这枚金饼铸造完整，传至今日经过两千多年的时光，其研究、收藏价值较高。根据近年拍卖公司的拍卖成交价，估价为 15 万元人民币。

◎**专家点评**

　　黄金在古代被用于赏赐、酬金、赎罪、贿赂、罚金，以及大额交易和军费支出等许多方面，其在春秋时期就有作为货币和馈赠的文献记录，到战国时期得到广泛流通。金饼在战国时出现较多，形状为圆形饼状，正背面皆实而不空，圆形金饼更便于携带和储藏。汉代的金饼铸造多以陶碗的底部为模具，将称量好的黄金熔化浇注其内一次而成，因而金饼的大小不完全一致，加上铸地和工匠的技术水平不同，造成金饼的厚薄、大小、形状都会有一些差别，但重量都基本在 250 克左右，为汉代一斤的重量。目前汉代金饼正面普遍有戳记、印戳和文字。1999 年 11 月，西安东北郊谭家乡北十里铺村出土 219 枚金饼，是目前考古发掘出土金饼最多的一次。

"大河鉴宝"钱币及青铜器鉴定专家 / 于倩

民国 "色章果木" 金币

◎藏品档案

直径 2.69 厘米，厚 0.15 厘米，重 11.4 克。
公元 1919 年铸行，面值藏银二十两。

◎市场参考

"色章果木" 金币历来受到收藏爱好者的青睐，至今已是难得一见的珍品，市场参考价约 8 万元人民币。

◎专家点评

　　"色章果木" 金币是西藏地区历史上铸造、使用过的一种金币名称。因其图案精美、数量稀少，并带有浓郁的民族风格，向来为钱币收藏界所珍视。

　　1912 年，清王朝在辛亥革命的打击下垮台，全国陷入了军阀混战的局面。英国殖民者趁机加紧了对我国西藏地区的侵略。当时，曾因抗英失败而被迫流转外地多年的十三世达赖喇嘛阿旺·罗桑土登嘉措，历经艰辛重新回到拉萨，在西藏广大僧俗民众抗英激情的感染下，再一次进行了驱逐英国殖民者在西藏的侵略势力的斗争。在这种历史背景下，英国殖民主义者在印度铸造发行，同时也大量流通于西藏地区的一种 "托剌" 金币，就成了十三世达赖喇嘛首先要驱逐的对象。为此，十三世达赖喇嘛于 1918 年委派亲信在罗布林卡西侧筹建了罗堆金币厂，当年即批准铸造了和英属印度 "托剌" 金币重量相同的 "色章果木" 金币，计划用 "色章果木" 金币来取代市面上流通的 "托剌" 金币，并以此杜绝西藏财富的大量外流。按金币上的年代，分别有藏历纪年十五绕回第五十二、五十三、五十四、五十五年，即公元 1918、1919、1920、1921 年四种版别。到 1921 年由于世界金价大幅上涨，每 "托剌" 黄金涨至藏银三十两，同时由于英印商人用货物大量套购金币，致使西藏黄金外流，如继续铸造便会亏本，因此 "色章果木" 金币实际只铸造了三年多，于 1921 年便停铸了。

　　"色章果木"是藏语的音译，"色章"意为黄金，"果木"是圆钱之意，合起来即表示"金元""金币"的意思。正面有一圆圈，中央是一卧狮图案，另有藏文为铸造年代。圆圈外刻有八个佛教吉祥图案，藏语叫"扎西达皆"，金币最外圈是一圈珠串。背面中央为一佛教吉祥图案，周围铸有藏文，音译为"甘丹颇章，曲列郎杰"，意译为"甘丹颇章，战胜四方"，并有藏文"二十两"字样。货币上使用狮子图案，是藏族人民的传统。相传很早以前，在雪域高原西藏生活着许多动物，但由于经受不住冰雪严寒的袭击，都纷纷迁徙，只有雄狮经受住了严寒的考验，成为藏族人民勤劳勇敢的象征。就像其他民族心目中的"龙"一样，"狮子"是藏族人民尊崇的图腾。

　　"甘丹颇章"是五世达赖喇嘛罗桑嘉措建立的政教合一黄教地方政权的名称。据西藏文献记载，1518年二世达赖喇嘛根敦嘉措，在担任哲蚌寺第十任池巴任内，接受了乃东大司徒扎西扎巴的捐献，将哲蚌寺的一座青石殿堂修缮后改名为"甘丹颇章"。此后，历世达赖喇嘛在未执政前，都居住在哲蚌寺的"甘丹颇章"宫内。1642年，五世达赖喇嘛在著名的西蒙古和硕特部汗王固始汗的扶持下，在"甘丹颇章"殿堂内建立黄教政权，后藏族人民便习惯用"甘丹颇章"这一称呼来代指原西藏政教合一的黄教地方政权。

"大河鉴宝"钱币及青铜器鉴定专家 / 于倩

二、白银

明代　五十两元宝

◎藏品档案

明朝银锭每两约 37 克白银，这枚银锭的重量约为 1850 克。

整体自然呈银灰色，其面呈螺旋纹，线条细且排列紧密，银纹越细，说明成色越高，这也是"纹银"一词的由来。其上镌刻阴文"河内县征银伍拾两匠唐治国"，背部呈微弧形状，有许多蜂眼。

◎市场参考

此枚银锭铸造精整，有较高的史料价值。

市场价值 10 万元人民币。

◎专家点评

　　明朝初年政府提倡使用纸币，将大明宝钞定为法定货币，禁止金银交易。赋税则是以征实物粮食为主，南粮北调是历来的惯例，但由于南北交通不畅，给运粮带来诸多不便，那时每年都有四百万石的粮食要运往北京，仅运费就要花费几倍的粮价，这太不合算。故明朝英宗正统元年（1436 年），政府下令南方各省产粮地区不通舟楫的地方，米麦用白银折纳，这是正式以法律的形式确立用银纳税的开始。万历九年（1581 年）内阁首辅张居正提出赋税改革，在清丈土地的基础上，实行"一条鞭法"，就是将田赋和徭役合而为一，按亩征税，纳税形态基本统一为以银征收。此后，民间用银得到进一步合法化，在日常贸易等诸多方面，都以白银作为主要货币。

　　这枚银元宝上的铭文"河内县"，在明朝时属怀庆府管辖，为今焦作之沁阳市。明朝五十两元宝的铭文一般铸有征收银锭的县名、征收税银的时间、银锭的重量以及铸造银锭工匠的姓名。这枚元宝虽没有征收税银的时间，但根据其形状来看，当在明朝正德至隆庆年间（1506—1572 年）铸造。这说明"一条鞭法"实施后，起到了复苏经济的作用，是明朝新旧赋役制度转换的生动记录和实物佐证。

"大河鉴宝"钱币及青铜器鉴定专家／于倩

❀ 清代　十两银元宝

◎藏品档案

重 348.6 克。

锭面文字右边"孟县"二字，左边"聚元成"三字。孟县现已改为孟州市，属河南省焦作市管辖，"聚元成"应为当时铸匠或钱铺名称。

◎市场参考

这枚银锭，铸造精整，保存完好，存世量较少，市场参考价约 3 万元人民币。

◎专家点评

　　白银在中国历史上曾长期发挥着货币职能，银锭是指铸造成一定形状的白银称量货币，其职能体现在流通手段、支付手段和储藏手段等方面，用于商品交易、缴纳赋税、赏赐等。明代嘉靖年间，政府将白银确定为主要货币，中国的银两制度逐渐形成，到清代得到进一步的巩固和发展，银锭成为清代流通的主要货币之一。银锭作为称量使用的货币，成色和重量是决定其价值大小的依据，它的使用离不开成色、平砝和兑换关系三个要素。成色是指白银的纯含量，平砝是指用来称量银锭重量的衡具；两是银锭的主要重量单位，两以下为钱、分、厘，均是十进位；兑换关系是指确定银锭价值时的折算关系。清代铸造银锭盛行，在流通领域中，与制钱并行，交易时大数量用银，小数量用铜钱。

　　银锭上戳记的铭文，没有铜钱上的规范、工整，也非名家书写，甚至有异体字或代用字，但都是当时的通行文字，真实地记录了银锭的铸造和匠铺名称等。这反映了各个历史时期不同的型制变化，以及银锭在社会经济发展过程中所起的重要作用。

"大河鉴宝"钱币及青铜器鉴定专家／于倩

清代 祁县五十两银元宝

◎**藏品档案**

通长 11.5 厘米，高 9.4 厘米，腰宽 6.4 厘米；重 1845.57 克，银成色为 99%。锭面左竖戳记"祁县义隆永"、右竖戳记"咸丰年月"。

◎**市场参考**

此枚银锭铸造精整，存世稀少，有较高的经济研究价值，市场参考价约 10 万元人民币。

◎**专家点评**

银元宝，又称银锭，在近现代及其以前的很长一段历史时期内，是人们物质生活中必不可少的东西，买卖、赋税、赏赐都缺少不了它。它是一种财富，表面看上去只是用白银铸造成的银锭，但仔细观察，就会发现它具有很深的文化内涵，透过外形、文字以及流通情况，还可以了解到不同历史时期不同的形制变化、职官制度、历史地理、历史人物，更可以知道它在社会经济发展过程中所起的作用。

清代山西票号业发达，给晋商带来了巨大的财富，铸造银锭也成了票号的主要业务之一。随着各票号在全国的广泛开设，山西银锭也在全国各地流通使用，并享有盛誉。

山西银锭铸造以祁县、平遥、太谷为主，从清嘉庆年间开始，一直到民国时期都有铸造，绝大多数是五十两大锭，成色尚佳，有库宝和市宝之分。库宝是专门用于上缴国库的税银，铸锭严格按照清廷的规定，戳上年号年月和府县名、银号名、炉房名或银匠名等铭文。市宝是指在市场上流通的银锭，铭文也模仿库宝的式样。

这锭五十两银元宝为山西祁县的银号义隆永在清代咸丰年间铸造。祁县主要使用"镜宝银"，"镜宝"意为银成色绝佳。

"大河鉴宝"钱币及青铜器鉴定专家／于倩

清代　增记五十两银元宝

◎**藏品档案**

重 1816 克，成色为 98%。

这是在上海流通的实银，又称二七宝银。表面三个戳记分别为"增记""上海""肆"。

◎**市场参考**

存世稀少，价值较高，市场参考价约 13 万人民币。

◎**专家点评**

　　这锭五十两银元宝，形状为元宝形，是上海"夷场新"银炉熔铸的定型银锭，由于每五十两可批升水二两七钱五分，故称为二七宝银。外省流入上海的银元宝均需要改铸，铸造银元宝的工艺程序为：算料、溶化、提纯、渗色、验色、成型、錾刻铭文、检验等，工序完成后送由公估局批注，方能进入流通领域。

　　北市"夷场新"意为洋场新造之元宝，是上海租界内 (光绪年间) 铸行的元宝。其特点是没有年代和银匠戳印，只有"上海"字样及银炉名与炉号印。此元宝的"增记"为银炉名，"肆"为炉号印，加盖上海地名，有宣示此银为上海通用的漕平二七宝之意。

"大河鉴宝"钱币及青铜器鉴定专家 / 于倩

民国　孙中山陵园纪念银币

◎**藏品档案**

直径 39 厘米，厚 0.25 厘米，重 26.8 克，成色 88%。

民国十六年（1927 年）南京造币厂铸造的样币，主要用于纪念，不作为货币流通。

◎**市场参考**

这枚纪念银币仅铸造 400 余枚，具有较高的历史价值和经济价值，堪称是一枚难得的艺术佳作。根据往年拍卖的成交价格，市场价约值 8 万元人民币。

◎**专家点评**

这枚珍稀的孙中山陵园纪念银币，俗称"中山陵墓币"。

银币正面上端镌"中华民国政府"八字，中为孙中山先生正面像，浅浮雕，双眼炯炯有神，面目栩栩如生，须发清晰可辨；背面中央有"壹圆"二字，下为"十六年造"，左侧是旭日东升光芒四射，右面是中山陵祭堂的建筑图案。

1935 年环球邮币公司出版的《中国稀见币参考书》中记载："自民国十六年（1927 年）政府迁都南京，并有民国政府十六年孙总理像试铸四百八拾枚之样币，雕刻极精，惜未能采用耳。"书中还指出这枚银币的标价为 50 银元。民国二十八年（1939 年）六月出版的《中国金银镍币图说》中有关于此银币的记载："此系民国十六年（1927 年）孙总理像试铸币，背面绘孙总理陵墓图。据称仅铸四百枚，呈请财政部鉴定，但未经采用，是亦稀见之品。"

"大河鉴宝"钱币及青铜器鉴定专家 / 于倩

第二节　灿烂的青铜

一、佛缘·佛像

宋代　青铜善财童子像

◎ 藏品档案

高 19 厘米。

这尊青铜善财像，通身原有彩绘、刷金，现已大部分脱落。保存较好，大眼高鼻，面带微笑，发束角形双卯，身着长衣衫，衣纹简洁流畅，双手于胸前上下叠起，持书卷站立于方台座之上。

◎ 市场参考

此善财童子像保存较好，现市场参考价约 2 万元人民币。

◎ 专家点评

此青铜像为善财，民间又称"善财童子"。根据《华严经·入法界品》中记载：善财童子是福城一个长者的五百童子之一，当他降生时，有许多财富珍宝自然涌出，所以他被起名为"善财"。当时，文殊菩萨正在福城东的娑罗林中宣扬佛法，于是善财去文殊处请教佛法，文殊菩萨指示他到南方可乐国请教功德云，功德云又指点他到海云国找海云，如是一而再，再而三，善财童子共参拜了五十三个善知识，最后在普贤菩萨的教化下，终于获得正果，如愿以偿。此善财身姿健硕，手持书卷，诠释着虚心学习善知识的精神。

"大河鉴宝"钱币及青铜器鉴定专家／于倩

明代　帝师八思巴鎏金红铜像

◎**藏品档案**

高 13.5 厘米。

八思巴铜像神态专注，身着袈裟，衣纹细致自然，双手当胸结说法印，双脚遮于宽袍之下，全跏趺坐，下承仰莲座。背后台座凿刻藏文"南无八思巴"，直译为"向八思巴致礼"。

◎**市场参考**

此尊造像，简洁优雅，线条流畅，存世稀少，市场参考价约 4 万元人民币。

◎**专家点评**

　　八思巴（1235—1280 年）本名叫洛哲坚赞，是萨迦班智达的弟弟索南坚赞的儿子。他从小聪慧好学，八岁时便能向人们讲经，加上有伯父萨迦班智达的良好教育，后来不仅成为一名政坛上的显赫人物，也是一位精通各种宗教知识的高僧。正如《西藏王臣记》中记载："幼而颖悟，长博闻思，学富五明，淹贯三藏。"八思巴十七岁时，被伯父萨迦班智达任命为自己的法位继承人，即萨迦寺主持和萨迦派教主，称为萨迦派第五祖，从此八思巴既是萨迦派的教主，又成为可代表西藏地方势力的显赫人物，对西藏地方和元代中央政权起着重大作用。公元 1260 年，忽必烈继任蒙古汗位，立即封八思巴为国师，后又晋升其为帝师。公元 1280 年（阳铁龙年）11 月 22 日，八思巴在萨迦南寺拉康拉章圆寂，享年 46 岁。就在八思巴圆寂后不久，忽必烈赐号八思巴，全称为"皇天之下，一人之上，开教宣文辅治，大圣至德，普觉真智，佑国如意，大宝法王，西天佛子，大元帝师班弥怛"。

八思巴一生对西藏地区，甚至中国历史发展产生了深远影响，主要体现在三个方面。

首先，在政治方面。八思巴顺应历史潮流，用毕生的精力促使西藏地方和广大藏族地区归附元朝，他和忽必烈共建的政治关系格局，在元明清三朝延续了近七百年。

其次，在宗教方面。八思巴以渊博的佛教知识和灵活的随机教化，赢得了忽必烈为首的元朝皇室的信赖和崇敬，成功地使蒙古皇室接受了藏传佛教。

最后，在文化方面。八思巴创造了新蒙古文字，把西藏的宗教、医学、艺术介绍到蒙古皇室和汉地，又把蒙古和中原文化介绍到西藏，使汉蒙藏各族的文化交流进入了一个崭新的时期。他结合蒙、藏、汉等多种文字创造了八思巴文，这是元代官方文字，皇帝下达诏书等官方文字都采用了这种文字，使元代文字得到了一定程度的统一。元代的钱币就有使用八思巴文铸造的"大元通宝""至大通宝"等。

"大河鉴宝"钱币及青铜器鉴定专家／于倩

明代　释迦牟尼诞生立像

◎藏品档案

通高 31 厘米，佛像高 26 厘米。

这是一尊佛教创始人释迦牟尼诞生时的立像，通体刷金，造型写实，肌体富有圆润丰满的质感和蓬勃向上的生命力。脸庞圆润，脸部眼、鼻、口刻画精细生动，双耳饱满，略显夸张，神韵极佳。身着汉式彩绘肚兜，刻莲花图案。左臂上举，食指朝天，右臂下伸，食指朝地，双足并立于仰覆莲座上。

◎市场参考

此尊明代晚期的释迦牟尼诞生立像，多为寺院浴佛节时使用，供奉于水盆中，供信徒膜拜，艺术水平较高，保存完好，十分难得，现市场参考价约 5 万人民币。

◎专家点评

据佛经记载："释迦牟尼出生时，左手指天，右手指地，作狮子吼叫，说：'天上地下，唯我独尊'"。

释迦牟尼（约公元前 565—前 486 年），出生在靠近喜马拉雅山南麓的迦罗卫国，与春秋时期孔子是同时代人。他本姓乔达摩，名悉达多，是古印度著名王族甘蔗王的后裔，为伽罗卫国国王净饭王的王子，因他属于释迦族，后人将他称作"释迦牟尼"，印度语意为"释迦的圣人"。

释迦牟尼修成正果后，便开始了长达四十九年的传教生涯。他的传教范围上至王公贵族，下到平民百姓，影响甚广，后来他又亲自制定了众僧共同遵守的清规戒律。晚年时，他遭遇雨季患病，在拘尸那迦城外河边婆罗林中圆寂。

"大河鉴宝"钱币及青铜器鉴定专家／于倩

清代　红铜鎏金度母像

◎藏品档案

高 12 厘米。

此尊佛像为度母像，红铜鎏金，保存完好，金光熠熠，灿然生辉。头戴宝冠，身着菩萨装，左手持莲花枝，莲花缠绕手臂立于身旁，右手下垂施与愿印，结跏趺坐于莲花座上，雕刻细致，姿态优美，形象传神，堪称精品。

◎市场参考

制作精美，工艺精细，保存完好，市场参考价约 10 万元人民币。

◎专家点评

　　与所有曼妙的佛母相比，此尊红铜鎏金度母像庄严之态显示其已入佛境，面部双目微闭，略窄的鼻翼、翘薄的双唇、婀娜扭摆的细腰，鲜明巧妙标注着女性的温和秀美，金刚智慧的力量与柔软的慈悲得以美妙地契合。

　　在藏传佛教中，度母是最美丽、最慈悲的女神，受到佛教信徒普遍尊崇和信仰。度母有二十一尊，皆为观世音菩萨之化身，有着广大的慈悲心和无所畏惧的勇气。

"大河鉴宝"钱币及青铜器鉴定专家／于倩

二、以铜为镜，依史而鉴

西汉　鎏银连弧纹青铜镜

◎藏品档案

直径 20 厘米，厚 0.22 厘米。

铜镜以云雷纹为地纹，其上配八出内向凹面连弧圈，连弧的交角直达镜缘，其上再饰以微凹面宽带圆圈作为镜边。中心为三弦钮，浅凹弧形圆周钮座，与外圈构成清新而强烈的对比。

◎市场参考

工艺精美，存世稀少，市场参考价为 6 万元。

◎专家点评

在玻璃镜出现之前，古代的人普遍使用青铜镜来妆饰面容。古代铜镜既是日常生活用品，也是很好的工艺品。由于它的背面有精美的纹饰，丰富的铭文，其已成为当前一种独具特色的文物门类。

中国铜镜作为青铜器中自成体系的精致工艺品，越来越受到人们的重视。一说起铜镜，必然会涉及铜镜的起源。有人认为铜镜是由一种盛水器皿"鉴"演变而来的器物，古人受到借水面映照的启示，用铜镜盛水映照，后来不用水，而是将打磨得很洁净的铜盆映像，再后来用铜片映像，铜片背面加花纹、动物等纹饰；也有人认为铜镜起源于阳燧。最早的有实物可考的青铜镜是 1975 年甘肃广河齐家坪墓中出土的一面七角星纹镜，由此早在新石器时代已有铜镜。

该镜的奇特珍贵之处是在云雷地纹上镀有一层薄银，这也可以说是一面特种工艺镜，非常少见。此类镜自战国中期起，一直沿用到西汉早期。

"大河鉴宝"钱币及青铜器鉴定专家／于倩

汉代　上大山博局镜

◎**藏品档案**

直径 19 厘米，厚 0.55 厘米。

镜为圆钮，大方格内环列十二乳钉纹及十二地支铭文，外圈铭文为"上大山，见神人，食玉英，饮澧泉，得天道，物自然，驾交龙，乘浮云， 宜官秩，保子孙，贵富昌，乐未央"。外圈铭文内有规矩纹、乳钉纹及龙虎瑞兽图案，边缘为三角锯齿纹及云气纹图。

◎**市场参考**

此面汉代青铜镜铸造精良，形态美观，图文华丽，铭文丰富，具有很高的艺术价值，成为历史留给我们的珍贵文化遗产，具有较高的观赏和研究价值，市场参考价约 8 万元人民币。

◎**专家点评**

　　汉代铜镜无论从型制还是纹饰上都发展到了一个高峰，形成了铜镜发展史上的繁荣期，在收藏圈内，汉镜质量是评估铜镜收藏成就的一个标准。

　　汉代铜镜铭文主要是作为一种装饰出现的，因此在盛行铸造铭文的汉镜上可以看到这样一个现象，铭文往往错字漏字，或随意删减，以至于不能通读成句。铭文字数往往是根据镜的大小而定，因常有省字，有时造成文句不通，而加字又显然是为了补足空缺。

"大河鉴宝"钱币及青铜器鉴定专家／于倩

唐代 四瑞兽葡萄镜

◎藏品档案

直径 12.8 厘米，厚 1.8 厘米。

镜为圆形，伏兽钮，分内外两区。内区为高浮雕的四只瑞兽环绕着伏兽镜钮，攀缘在葡萄枝蔓上，形态各异，内外区以凸起棱背为界，葡萄枝蔓由内区延伸到外区，这种造型俗称为"过梁葡萄"。外区环饰 12 只禽鸟的纹样，飞翔或栖息于葡萄枝蔓间。镜缘饰一圈葡萄枝叶纹，纹饰精细，通体带有银白光，较厚重。

◎市场参考

这面铜镜铸造精美、细致，通体带有银白光，是保存完好又厚重的收藏佳品，市场参考价约 10 万元人民币。

◎专家点评

　　瑞兽葡萄镜又称为狻猊葡萄镜、海马葡萄镜、海兽葡萄镜、鸟兽葡萄镜等，但其主要纹饰是狻猊和葡萄，狻猊是狮子的别称，又称为瑞兽。唐代佛教盛行，狮子是佛的守护神，也是文殊菩萨的坐骑，佛教传入中国之后，狮子的形象开始进入艺术领域。瑞兽葡萄镜是唐代最具特色的青铜镜，使用地域广泛，纹饰均作高浮雕，以繁密的葡萄和狮子为主纹饰。

　　唐代对青铜镜的需求量非常大，宫廷中常用上好的青铜镜作为赏赐。《旧唐书·玄宗本纪》中就有相关记载："开元十八年，以千秋节，百官献贺，赐四品以上金镜……"。各地铸造精美的青铜镜主要作为进献王室的贡品，为此专门增设"进镜官"之职，以保证满足王室对铜镜的需求。

　　瑞兽葡萄镜是唐代青铜镜中最引人注目的品种，对于瑞兽与葡萄的组合图案，历代学者解释不一，由于它的纹饰图案充满了神秘色彩，也有学者将瑞兽葡萄镜称为"多迷之镜"。

"大河鉴宝"钱币及青铜器鉴定专家／于倩

宋代　仿汉"家常贵富"镜

◎藏品档案

直径 15.3 厘米，厚 0.47 厘米。

这是一面宋仿汉的青铜镜，半圆钮，连珠纹钮座，内区为内向十六连弧纹，外区铭文为"家常贵富"四字，每字之间置乳钉纹并配以连珠纹，边为内向十六连弧纹。

◎市场参考

这面宋仿汉镜制作上好，且文字及图案甚吉祥，能收藏到此镜也并非易事。市场参考价约 2 万元。

◎专家点评

　　汉代青铜镜的质量主要体现在镜面镜背的磨光加工工艺上，镜背纹饰、文字只具工艺性的欣赏价值，镜面则具有至关重要的实用价值。汉代镜的正、背面一般都加工得极为精细，有些保存完好的，至今仍光可鉴人。至宋以后，青铜镜很少有白亮光面存在了，这时的青铜镜断面呈现青黄色，纹饰的清晰度远不如汉镜，这是宋以后铜镜铸造技术衰退的表现。

　　宋代朝野皆有尚古之风，比较重视仿古器物的制作，尤以宣和年间更甚。铜镜仿古就是从宋代开始兴盛的，许多仿镜的图案纹饰都以汉镜为原型，或者完全照搬，即利用汉镜翻模铸造，或者稍加变化。

　　综合来看，宋仿汉镜大概有以下几个特点：一、从纹饰与铭文看，纹饰线条较模糊，铭文笔画粗糙，没有汉镜那种规矩挺劲、流畅清晰之感。二、从器型看，镜型与汉镜也有一些差别，汉镜大多为半球钮，宋仿汉镜多数钮较小，并且钮顶部稍平。三、从铜锈看，锈层浅薄，质地较软，宋镜（包括仿镜）一般用的是青铜，含铅、锡的比例较大，因此有些韧性；而汉镜多使用精炼铜，金属成分比例适当，品质脆坚。

"大河鉴宝"钱币及青铜器鉴定专家／于倩

金代　双鱼纹铜镜

◎**藏品档案**

直径 16 厘米，厚 1.1 厘米。

镜呈圆形，半圆钮，凸棱宽外缘。青铜质。

纹饰清晰，采用浮雕工艺。

◎**市场参考**

这面铜镜图案新颖，文化底蕴深厚，市场参考价 1 万元人民币。

◎**专家点评**

　　这面铜镜为金代双鱼纹铜镜，图案为翻腾的水波纹和两条肥厚的鲤鱼，鱼身上为大鳞片，长背鳍，鱼尾随镜缘内折时翻转，形成弧形，似乎正在逐浪嬉戏，透露出无限强健的生命力，甩尾之势有力穿苍穹、跃登龙门之感。鱼的眼睛炯炯有神，鲜活有力，大有睥睨一切、笑傲苍生的神情，让人感到震撼折服。鲤鱼造型优美，细部精致逼真，形态生动活泼，逗人喜爱。

　　金代铜镜多以双鱼纹饰作为题材，是有一定的客观原因和历史渊源的：其一，生活环境因素。金代的女真人世居"白山黑水"之间，黑水即黑龙江，捕鱼是女真人主要的日常劳作，鲤鱼又是黑龙江数量最多的一种鱼类。如此说来，金代铸造双鱼纹镜的用意就不言而喻了。其二，传统文化因素。传说中鲤鱼是龙的化身，鱼额上有王字者，名王字鲤，有其比龙通神的说法。古代中原人对鲤鱼的崇拜，也对女真人产生了很大影响，我国古代许多地方都流行着取"鱼"与"余"谐音，以寄托"年年有余""吉庆有余"的愿望。

"大河鉴宝"钱币及青铜器鉴定专家／于倩

明代 秘戏镜

◎**藏品档案**

直径 11.63 厘米，厚 0.6 厘米，重 280 克。
镜背图案为男女交合的四种不同图形，圆形平钮上饰"薛怀泉造"四字款。铸匠薛怀泉据考证应为开化县人，或离其周边不远，这名字也可能是象征性的招牌名称。

◎**市场参考**

这面铜镜内容大胆，具有收藏价值。
市场参考价为 3 万元。

◎**专家点评**

通过这面秘戏铜镜，我们可以窥见古代传统性文化教育的一些情况。"秘戏"二字出自《史记·周仁传》，其载"……以是得幸景帝，入卧内，于后宫秘戏"。《史记索隐》云："后宫秘戏，宜可秘也。"秘戏图案应当出自"秘戏图"。

秘戏镜，又称"男女合欢镜"，它的用途与古人的性生活习俗有关。这种铜镜一方面是对已成年的新婚夫妇进行性启蒙教育，另一方面又和其他铜镜一样可以用来理容化妆，民间又将其称为"压箱镜"或"包袱镜"。由此看来，古代人们对于性生活的观念，并不像今人所想象的那样封闭，起码可以肯定，性意识是在不断变化的，有时也会比较开放。

其实，人类性文化是与生俱来的，早在原始社会的部落中，就有以生殖器作为图腾崇拜的现象。据考古发掘资料证明，辽宁出土的五千多年前的新石器时代器物中，有大量的裸男、裸女陶俑，而且性器官部分造型夸张。但自从进入封建社会以后，由于传统道德观念的变化，这时男女之间的交往和性生活，开始转向人为的封闭状态，甚至把它视为见不得人的羞事。但是，人类离不了"性"来传宗接代，繁衍后代，那就必须进行必要的性教育，正是在这种情况下，作为性生活知识教育的秘戏图案就应运而生了。许多考古资料表明，早在西汉、唐、宋时期的石刻砖雕以及厌胜钱上就有男女合欢图案的出现。

这种造型和图像，还有另一作用，那就是辟邪。由于古人对性生活产生了一种神秘观点，并认为它关系到种族、家庭的繁荣与兴衰，且与上苍的旨意有关，故而赋予它一种辟邪的观念，这种观念一直延续到明清至民国时期。

当今，由于性知识教育的普及，这类秘戏铜镜已成为历史的陈迹，但它证实了西方性学专家金西教授在其专著《金西报告》中提出的一个论点："性行为既是一种生物现象，又是一种社会现象，它作为一种能量，必然要被释放出来，而如何释放，则主要取决于社会文化和社会影响。"这充分说明了性教育的重要性和必要性。

"大河鉴宝"钱币及青铜器鉴定专家／于倩

三、因缘际会，钱币鉴真

春秋中晚期　大型平肩弧足空首布

◎藏品档案

身长 10.25 厘米，肩宽 5.4 厘米，重 30.4 克。

铸行于周王畿（今洛阳周王城附近），面文"于"字，这种钱币是从一种叫作"钱"的原始青铜铲演变而来，长銎、平肩，足面略向内凹呈弧形，銎内呈楔形，正面有一凸起，面、背有一对称的三角形穿孔，钱身面、背有三道平行竖纹。

◎市场参考

这枚大型平肩弧足空首布，铸造精美，通体蓝绿色锈，2014 年前拍卖公司的拍卖价格都在 5 万～6 万元人民币之间，偶尔还会更多，但近两年拍卖的价格只在 2 万～3 万元左右。

◎专家点评

空首布与青铜铲形状相近，由农具铲演变而来，有出土实物为证。青铜是比较贵重的金属，在商品交换中深受人们的欢迎。《国语·周语下》中"景王二十一年（公元前 524 年），将铸大钱。"其中"大钱"，可能说的就是大型空首布。但是，这种铲形的"钱"，为什么又称为"布"。有学者根据有关文献及《云梦秦简》的内容，论证称"钱"为"布"，大概是因为布帛的"布"也是我国古代一种实物货币，后来就习惯了以"布"代"钱"。有些例子表明，秦国原来用布，虽然后来不再使用，但仍把它折合成钱。铜钱代替布以后，人们还习惯于把新的铜钱也称之为"布"，战国时期许多地区人们称货币为"刀布""钱布"，其中的"布"字未必是从"钱镈之布"演化而来。《云梦秦简》中有一种当时被专作通货的"布"，说明"布"的确曾用作"货币"，称"钱"为"布"，很可能与"布帛"有关。

"大河鉴宝"钱币及青铜器鉴定专家／于倩

战国早中期　"东周"空首布

◎**藏品档案**

通长 9.3 厘米，重 25.3 克。
流通于周王畿内及其周围地区（今河南洛阳附近），
面文"东周"为古国名。

◎**市场参考**

这枚小型"东周"空首布存世稀少，完美无缺，着
实让藏家喜爱。根据近年来的拍卖记录，市场价值
约 26 万元人民币。

◎**专家点评**

　　空首布由一种叫作"钱"的青铜铲演变而来。这枚空首布柄身较长，銎内带有黄
色范泥，钱身较薄，面背皆有三道凸起纹饰，中为竖纹，两边为斜竖纹。

　　关于"东周"古国名，《史记·周本纪》有载："考王封其弟于河南，是为桓公，
以续周公之官职。桓公卒，子威公代立。威公卒，子惠公代立，乃封其少子于巩以奉王，
号东周惠公。"

　　关于"东周"空首布铸行于周王畿内的说法，也得到文物考古发掘及发现的证实，
绝大多数出土于洛阳周王城遗址周围，而面文"东周"空首布的存世数量仅约 160 枚
左右，绝大多数收藏于文博部门。

"大河鉴宝"钱币及青铜器鉴定专家／于倩

西晋 "凉造新泉"青铜钱币

◎藏品档案

直径 2.02 厘米，厚 0.1 厘米，重 1.81 克。
这枚西晋时期的古钱币铸有铭文"凉造新泉"，
字体为篆书，"凉造新泉"四字对读，钱文篆
法古朴端庄，笔画纤秀，字形方正规矩，制作
工整，别具风格。

◎市场参考

此钱存世稀少，书法古朴端庄，现市场参考价
约 1 万元人民币。

◎专家点评

　　"凉造新泉"是近世钱币藏家瞩目的钱币之一。"凉"是西晋十六国时期在河西
一带建立的国号名，它是我国古代第一种以国号为钱文的圆形方孔钱。但对它的研究
现存在两方面的困难：一是新莽至十六国的三百多年间，河西四郡各割据政权的史书
今已多散佚，现有的史籍又无从确考；二是这种钱币传世较少，新出土的也很难得。
关于"凉造新泉"钱为谁所铸和铸造时间有两说，一说为十六国前凉张轨于公元 301
年受西晋封为凉州刺史时所铸，二说为十六国北凉沮渠蒙逊永安元年（401 年）所铸。
　　这种钱币一般直径较小，大多在甘肃武威及其附近出土。

"大河鉴宝"钱币及青铜器鉴定专家 / 于倩

宋代 "龙凤呈祥"青铜秘戏钱

◎**藏品档案**

直径 4.12 厘米，厚 0.38 厘米，重 24.51 克。
这是一枚北宋时期的娱乐钱，细分属秘戏钱类，
正面楷书"龙凤呈祥"对读四字，背面为高浮
雕的四对男女作性爱交合状图案。

◎**市场参考**

这枚龙凤呈祥青铜秘戏钱铸造精美，存世稀少，
市场参考价约 1 万元人民币。

◎**专家点评**

　　秘戏钱，大约出现在隋唐时期，唐代开元通宝中已有在钱背刻画男女性爱内容的
品种，人物均着唐代服饰，线条流畅，刻工精细。此后，历代均有铸造，但数量不多，
宋元时期的秘戏钱最为精美，至清、民国时期已比较粗陋。秘戏钱通常正面铸有"风
花雪月""龙凤呈祥""明皇御影""清河肖儒""花月宜人""鼓动人心"等文字，
背面则有一对或数对男女作交合之状的图案，也有两面均为图案的，类似合面钱。

　　秘戏钱的用途有数种说法。一是启蒙说，旧时长者在儿女婚嫁时将其授予新婚子
媳，好让新人在洞房花烛夜时发挥联想，作为传授房事之用，以求子孙绵延，是进行
性教育的直观教具。二是避邪说，民间有将秘戏钱称之为"避火钱"，有的读书人常
在书房中存放秘戏钱或春宫图之类，用来避火消灾。在汉民族的传说中，火神"祝融"
常以女子的形象出现，见室内藏有此物，会羞惭而退，不复为灾。三是妓院用物说，
故有些地方将秘戏钱称之为"堂子钱"或"春钱"。

　　　　　　　　　　　　　　　"大河鉴宝"钱币及青铜器鉴定专家／于倩

清代 吉语压胜钱

◎ **藏品档案**

直径 3.31 厘米，厚 0.13 厘米，重 8.1 克。

这是一枚清代黄铜质的"三元及第、五子登科"吉语压胜钱，俗称"花钱"。正面楷书"三元及第"，背文楷书"五子登科"。

◎ **市场参考**

这枚与科举制度有关的吉语花钱，文图并茂，铸造精美，存世较少，市场参考价约 3000 元人民币。

◎ **专家点评**

　　"吉语压胜钱"，是指铸有"吉利祝词"的钱币，我国在西汉时期就已经出现了吉语压胜钱，此类钱币在清代并不具备流通性质，属于文化艺术品。以后，层层的科举考试对学生来说，是高高的门槛，只有迈过这几道门槛，连中三元，才能大展宏图，因此，预祝考试大吉的各种吉语压胜钱应运而生。除少数官府铸造外，吉语压胜钱大多是民间私铸。

　　此枚吉语压胜钱正面楷书"三元及第"。科举考试以名列第一为元。乡试第一名为解元，会试第一名为会元，殿试第一名为状元。"状元"制度起源于唐朝，《明史·选举志》曰："一甲止三人，曰状元、榜眼、探花，赐进士及第。"及第，科举考试列榜有甲乙次第，故名。如考中状元，都称"状元及第"。唐朝以来，"状元及第"象征着功名和高官厚禄，旧时代民间有"天上麒麟子，人间状元郎"之谓，所以，"三元及第"这个吉语有很好的口彩。面文外圈饰喜鹊、梅枝，谐音寓意"喜上眉梢"。

　　明朝风流才子唐伯虎，当时人称唐解元，就是因为他曾经在乡试中考了第一名。他自己刻了一方印章"南京解元"以表达自己的得意之情。但此后他却再未迈进仕途之门，不过这并未影响他日后跻身于"江南四大才子"之列。

　　此枚吉语压胜钱背文楷书"五子登科"，与《三字经》中的"窦燕山，有义方，教五子，名俱扬"说的是一回事。这是对窦燕山教育子女成果的总结。窦燕山，原名窦禹钧，五代后晋时期人，他把全部精力用在培养教育儿子上，不仅时刻注意他们的身体，还注重他们的学习和道德修养，后来五个儿子都成为有用之才，先后登科及第。《三字经》中的这段话是对窦燕山"五子登科"的评价和颂扬。背文外圈饰鹭鸶、莲蓬、莲花，寓意"一路连科"。

　　唐、宋、元、明、清各朝代，都铸造过大量的口彩钱，以应民间的需求，现在流传下来的压胜钱中吉语口彩钱比其他品种都多，说明其在民间的受欢迎程度。

"大河鉴宝"钱币及青铜器鉴定专家／于倩

四、青铜杂项

商代　乳钉纹青铜鼎

◎ **藏品档案**

通高 26 厘米，口径 22 厘米。

这件青铜鼎是商代晚期安阳殷墟一带出土的典型器物，直耳（其中一耳残），方唇，鼓腹，圜底，柱足，颈饰突起的乳钉纹一周，底部有烟炱痕。

◎ **市场参考**

这件商代青铜鼎无论是研究和收藏都有很高的价值。

市场参考价 3 万元。

◎ **专家点评**

　　至今见诸著录的商周青铜器，据统计，单是作为礼器的食器、酒器、水器和乐器四类总数有 2 万件以上，其中鼎数量最多，簋其次，酒器爵占第三位。商周青铜器的断代分期都是按器物形制、组合、花纹、铭文和铸造方法的演变加以划分，目前考古界通常从时间概念上，将青铜器划分为商前期（二里岗期）、商后期（殷墟期）、西周、春秋、战国五大阶段。

　　商代晚期（殷墟期）是我国古代青铜器发展史上第一个高峰，渊源于二里头文化期和二里岗期，在质量和数量都得到空前的发展和提高。

"大河鉴宝"钱币及青铜器鉴定专家／于倩

西周　青铜盉

◎**藏品档案**

通高22厘米，口径8.3厘米，足宽12厘米。这是一件西周早期的青铜酒器，盉盖顶隆起，盖钮作半空圆柱状，盖顶饰六个火状涡纹，间饰几何龙纹。口沿外侈，颈部微束，垂腹，三棱形锥足，腹部一侧置管状流，另一侧置龙首，盖与鋬间有铜链连接，腹部四个火状涡纹，间饰龙纹。

◎**市场参考**

市场参考价约15万元人民币。

◎**专家点评**

　　盉是调和酒、水的器具，古人用水来调和酒味的浓淡。盉在我国的历史非常久远，大约六七千年前浙江余姚河姆渡遗址出土的陶器中就有盉。商代早期出现了青铜盉，到商晚期和西周，就已经非常盛行了。

　　西周是我国古代青铜器发展的重要时期，这一时期，青铜的冶铸技术继续发展，青铜器数量有较大的增长。这件青铜盉器型庄重精美，纹饰凝重，代表了中国青铜器发展鼎盛阶段的水平，根据青铜盉底部的范线，可知其为陶范合铸。

"大河鉴宝"钱币及青铜器鉴定专家／于倩

西汉　兽首青铜灶台

◎ **藏品档案**

这件青铜灶台为西汉晚期的明器，灶身略呈船首形。灶面有三穴，前有一穴置甑，甑宽平沿，腹壁斜收，腹内底有箅孔，后两穴并列，各置一釜，灶后端设兽首形烟道管，下为四蹄足（残）。

◎ **市场参考**

这件兽首青铜灶台虽为明器，但形制与现实生活中的灶台并无二致，制作工艺精巧，堪称汉代青铜明器的代表。

市场参考价约 1 万元人民币。

◎ **专家点评**

汉代人重视墓葬，汉文化的葬俗，多继承于秦文化。这是因为原集中居住的秦人后裔，还固守原有的传统直至汉武帝时期。这种灶台的出现，大概是和当时神仙思想的流行有关。

一方面，汉代殉葬品力求丰富而精细。"明器"与祭器的区别在于它专门供死者在阴间所用而非为生前用具，主要是模拟生活器物、场景，加以缩微。这种小型灶台便是营造供死者享用的虚幻环境。

另一方面，从秦始皇到汉武帝，都热衷于浮海求仙之类不切实际的追求。西汉时，武帝对外连年用兵，不断拓展疆土，盛极一时，但晚年却听信方士李少君"祠灶炼金、封禅不死"的言论，听任方士们祠灶炼丹，以求长生不老药，搞得社会经济衰退，西汉王朝也从此逐步走向了衰落。1978 年陕西西安沙坡村汉墓出土了一件灶台模型，灶台有一釜，釜内盛满了粒粒可点的金制丹丸，或许即是仿方士李少君向汉武帝进言炼丹所用的"灶台"。

"大河鉴宝"钱币及青铜器鉴定专家／于倩

金代　青铜印章 "副统之印"

◎**藏品档案**

通高 4.08 厘米，印台厚 1.23 厘米，边长 6.4 厘米，重 481.9 克。

这是一方金朝的官印，印文为九叠篆书阳文 "副统之印"，印面为正方形，橛钮，钮旁阴刻有 "副统之印" 文字，钮顶部刻 "上" 字。

◎**市场参考**

具有史料价值和学术价值。

市场价约为 8 万元。

◎**专家点评**

　　金代缺乏文献资料，可供参考的史籍甚少，所以研究金史的学者，比较注重对金石印章的研究。此方 "副统之印" 为金政权官印。金代的军职开始是都元帅府总掌军事大权，后改为枢密院，与尚书省对掌文武。地方最高军事长官是五京留守兼本路兵马都总管，再下是府尹兼都总管，州一级的军事长官是节度使。此外又于边境地区设统军司与招讨司。此印即为统军司副官之印，据《金史·兵志》："宣宗元光间（1222—1223 年），时招义军三十人为谋克，五谋克为一千户，四千户为一万户，四万户为一副统，两副统为一都统。" 副统为都统之属官，统领军众二千四百人。此方官印，为了解金代军队的职官情况，提供了新的资料，官印上的文字虽少，却是当时金朝官府所遗留下来的文字记录，对于研究金史，具有很高的学术价值。

　　　　　　　　　　　　　　　　"大河鉴宝" 钱币及青铜器鉴定专家／于倩

清代 "宣德"款铜香炉

◎**藏品档案**

红铜素圆炉（左图）

口径 14.6 厘米，高 9.2 厘米。

圆腹无纹，口朝天，无耳，束腰，圆三足，底中部篆书阳文款识"宣德年"。整个炉体色皮细腻均匀，光滑如玉，在黯淡中绽放出奇妙的光泽，器型十分规整，也较厚重，为清康熙年间仿造。

黄铜香炉（右图）

口径 15.3 厘米，高 9.1 厘米。

鼓圆腹无纹，象鼻耳，圈足，折唇口，底中部铸阳文"大明宣德年制"楷书款，结构严谨，字体规整，为清前期仿"宣德款"铸造。

◎**市场参考**

这两件香炉的价值都在人民币 5 万元以上。

◎**专家点评**

红铜素圆炉（左侧器物），器型规整，厚重。康熙年间，铸造工艺发达，铸造出的器具很精美。右侧香炉构造精细，上面所铸的字体规整。为清前期仿"宣德款"铸造。

早在西汉时，人们就开始制造专为焚香而设计的炉具——博山炉，而香炉的出现代表着文化生活水平的提高。香炉的使用主要有以下几方面：一是焚香薰，在社交活动中起着重要作用；二是敬神祭祖；再就是焚香伴读。香炉几乎是书房的必需品，一方面能除臭去味，使人读书时轻松愉快，增强记忆力，另一方面可刺激神经，为专心研读创造环境，由此而有"红袖添香夜读书"的名句。

据有关文献记载，宣德炉是明初宣德三年（1428年）明宣宗朱瞻基为郊坛大庙铸造的祭祀供炉。香炉的材质来自暹罗国进贡的一批质量极好的风磨铜，当时使用这些铜材一共铸造了117种共3000枚香炉，在炉底部铸有"大明宣德年制"阳文楷书方印款。此后，便封炉不铸。

人们喜爱宣德炉还源于一个传说：相传明朝宣德皇帝在位时，宫中的佛殿失火，金银、铜像都被混烧成液体。另有传说是经书起火，金银、铜、珠宝都烧结在一起，于是宣德皇帝下令将其铸成铜香炉。宣德皇帝问铸工说：铜炼几次才能精纯？铸工回答说：用六火炼铜，就会出现珠宝的光彩。于是宣德皇帝命令炼十二火，后把铜制成铜条，再用赤火熔化铜条，置于铁制成的筛格上，把先滴下的最精纯的铜选取出来再将金、银等贵金属加入其中制成香炉。因而真正的宣德炉经过轻轻擦拭，便会泛出光泽。

另一说法是明朝宣德三年（1428年）三月，皇帝为满足自己观赏香炉的嗜好，特下令从暹罗国进口一批风磨铜，责成宫廷御匠吕震和工部侍郎吴邦佐设计和监制香炉，为保证香炉的质量，工匠挑选了金、银等几十种贵重金属，与进口风磨铜一起精心铸炼。铸成后的铜香炉色泽晶莹而温润，成为香炉铸造史上的里程碑，其得人们喜爱，后历清、民国时期，仿制盛行，而且不论早晚都落"大明宣德年制"款。

宣德炉是我国古代铸造工艺的一枝奇葩，在文物艺术品中独树一帜。"铜炉"中的"炉"谐音同"禄"，有长寿、升官发财的寓意，宣德炉又集诸美于一身，难怪古往今来的文人骚客无不对它情有独钟，百般珍爱。

"大河鉴宝"钱币及青铜器鉴定专家／于倩

清代　兽耳三足铜香炉

◎**藏品档案**

炉高 9 厘米，口径 9.9 厘米。

炉宽折平沿，直口，深鼓腹，腹部置有对称的瑞兽双耳，三个蹄状足，底部无款。炉以精铜熔铸成型，打磨光洁，下有荷叶形红木底座，为清代制作。

◎**市场参考**

这款香炉造型独特大方，线条流畅，古韵蕴藉，尤其是三足设计别出心裁，比较少见。市场参考价约 2 万元人民币。

◎**专家点评**

　　焚香习俗在我国历史悠久，早在汉代以前就出现了以陶、瓷、铜、铁为材料制成的香炉。通常人们为了礼仪而将自己或客人的衣服熏香，更多的则是古代文人雅士喜欢在看书、写字的书房里焚上一炉香，营造意境。

　　通过焚香，感受香韵变化，兼具沉稳优雅的视觉享受，不仅修养身心，凝会安神，还能感受人生别样的韵味，足以令人陶醉其中。随着香道文化的盛行，铜香炉也具备了更高的收藏价值，相比 10 年前，工艺精美的清代和民国时期铜香炉价格增值近 10 倍。不过人们在选择收藏香炉时，还要看其年代、铸工、品相、底款等，这些都是决定香炉价格的因素。好的香炉和差的香炉价格可谓天壤之别。

　　此种香炉为圆形三足香炉，一般是用一足在前，两足在后的方式陈列。

"大河鉴宝"钱币及青铜器鉴定专家／于倩

第二章
传承文化精髓的陶瓷鉴真

第一节 陶器鉴真

一、灰陶

商周时期 云雷纹陶簋

◎**藏品档案**

高 25 厘米，口径 28 厘米。

这件陶器器形是从商代到西周时期都比较流行的样式，完整无修补。陶质是北方常见的夹砂灰陶，敞口圆腹，高圈足，器腹有一组模印的云雷纹饰，印纹古朴清晰。经鉴定应为商晚期到西周早期的陶簋。

◎**市场参考**

根据其本身工艺的精美程度来论，多在几千到数万元之间，收藏潜力很大。

◎**专家点评**

簋，是中国古代用于盛放煮熟饭食的器皿，也是礼器。自商代开始出现，延续到战国时期。我们一般见到的多是馆藏的青铜簋，陶簋由于容易破损，几千年来不易保存，所以市场上少见。陶簋多为明器，多为当时贵族墓中随葬，因而并不被收藏者重视。其实，商周时期的陶器，尤其是有纹饰的，存世量非常少，多在一些商周古城遗址附近出土，地域性比较明显。相较一些新石器时代的陶器而言，质量较好的商周陶器存世量更少，而且商周是我国古代美术发展非常重要的一个时期，无论青铜、玉器还是工艺好的陶器，艺术性都很强，所以其研究与收藏价值也会越来越高。

"大河鉴宝"陶瓷鉴定专家 / 乔红涛

汉代　彩绘女俑首

◎**藏品档案**

高12厘米，宽12厘米。

女俑首灰陶质，通体彩绘且保存完好，色泽鲜艳清晰，历经两千多年的风雨仍栩栩如生。

◎**市场参考**

无论艺术审美还是文化研究，色彩保存完好的彩绘陶都比普通的陶制品价值高，所以它们的市场价格也比一般的陶制品要高很多。现在像这样的彩俑首市场价格多在三四千元左右，具有极大的收藏潜力。

◎**专家点评**

从面相上看，这件汉代彩绘女俑首，应是一位年轻的女性，梳着黑色双分的发髻，两眉上挑，由细渐粗，一对长长的凤眼皂白分明，朱唇一点，宽额丰颐，面带微笑，神态安详，具有极高的艺术审美价值和文化研究价值。

为什么这件汉代彩绘女俑只有首呢？这和汉代彩绘俑烧制方法有关。汉代彩绘俑烧制多为分接烧制，即头与躯干、四肢分开烧制，然后再组合到一起。而且汉代一些陶俑的四肢并不用陶，而是用木或别的材料来制作，所以常会有单独的俑首或一些没有手臂的汉代陶俑出现。汉代有些高档的彩俑在随葬时身上甚至还穿有服装，只是由于年代久远，无法保存下来而已。

汉代的陶制品一般情况下多用彩绘的方法来装饰，即在灰陶、红陶或白陶的底子上，先刷上一层白粉，然后再在上面用各种天然矿物颜料进行绘画，最初的色彩一般都非常鲜艳漂亮，但由于年代久远，保存下来的色彩鲜艳的陶制品很稀少。

"大河鉴宝"陶瓷鉴定专家 / 乔红涛

二、三彩陶器

唐代 三彩烛台

◎**藏品档案**

高 28 厘米。

柱形，上下以两个圆形托盘分开，胎土细白，色彩绚烂明快。

◎**市场参考**

这件唐三彩烛台虽然有修补，但存世量小，等级较高，亦属十分难得的收藏品，市场参考价约 3 万～5 万元人民币。

◎**专家点评**

　　唐三彩是陶瓷大系中的一个华彩乐章，其器型多种多样，色彩斑斓艳丽，深受国内外藏家的喜爱。其产地主要为河南巩县窑，也有一部分在唐代长安烧制而成。

　　在这件唐代三彩烛台上，可以明显看出唐三彩早期的风格，釉色以红黄绿三色为主，分色艳丽，造型华贵庄重，是一件比较难得的唐代艺术珍品。这种型制的三彩烛台一般多为唐代贵族或一些高级寺庙中僧侣所用，存世量非常小。类似形状的烛台在唐代还有白釉、黄釉与蓝釉几种，属于唐代等级较高的陶瓷品种。美中不足的是这件三彩烛台有修补，不过整体尚存，仍不失为一件较高档次的三彩藏品。

　　　　　　　　　　"大河鉴宝"陶瓷鉴定专家／乔红涛

唐代　巩县窑三彩钵

◎**藏品档案**

高 12 厘米，腹径 23 厘米，
口径 18 厘米。
鼓腹圆口，器型浑圆饱满。
该器施半釉，釉色以黄绿为主，
颜色艳丽，流淌性强，细白胎，
修胎较工整，是一件较为典型的
唐代巩县窑三彩器皿。

◎**市场参考**

目前国内三彩器收藏一直比较热门，尤其是颜色好、器型工整的在市场上较受追捧。
一般这样口径的三彩钵市场价格约 5 万~8 万元人民币。这件三彩钵唯一遗憾的地方
是施釉较近口沿，如果流釉能再往下一点的话，价格还会更高一些。

◎**专家点评**

　　钵这类器型在唐代三彩器具中较常见，一般情况下皆为半釉，少见全釉器。收藏
者多认为这种器具是佛教僧侣所用的食具，器型像碗，但是底平、口略小，用来盛饭、
菜、茶水等。

　　唐代烧制三彩钵器具的比较大的窑口，除了河南巩县窑之外，还有陕西西安、山
东淄博等地的窑口。其中河南巩县窑的三彩颜色鲜艳，修胎工整，温度较低；西安所
出土的三彩钵类器色泽较重，温度高，玻璃感强；而山东淄博所出土的产品颜色较昏暗，
修胎也粗糙一些。

"大河鉴宝"陶瓷鉴定专家／李卫国

唐代　三彩水盂

◎**藏品档案**

高 5.5 厘米，直径 6.5 厘米。

无盖，施半釉，釉色以黄白为主，釉光晶莹温润，分色艳丽，胎是细白胎，非常致密，品相完好，没有损伤。属于唐代河南巩县窑产品。

◎**市场参考**

这件唐代三彩水盂，在洛阳当地又称三彩葫芦，一般是唐代三彩七星盘中的一件陈设，前几年在洛阳的市场上还是比较常见的器物，价格多在 1 万元人民币以内。近几年随着市场的火爆，收藏人数的增加，这样的三彩器皿在市场上已不多见，价格也随之水涨船高，根据品相的优劣，叫价多为 2 万 ~3 万元。

◎**专家点评**

河南巩县窑的三彩陶瓷属于低温釉陶范畴，唐三彩只是它的一个俗称，其实唐代三彩陶瓷的色彩非常多，远远不止三种色彩，只是因为它在一件器具上多用三种色彩混合，所以世人以"三彩"称之。现在我们所知它的色彩有红、白、绿、蓝、黑、紫、褐多种。这种陶瓷有时只用一种色釉，如全蓝釉、全黄釉、全绿釉等，也属唐三彩之列，不过当时人们常以"三彩一道釉"说之。在唐三彩产品中，一般以蓝、黑、紫色为佳，价格也较一般三彩高，其产量也远远比别的色彩少，可用"物以稀为贵"来形容。

"大河鉴宝"陶瓷鉴定专家 / 乔红涛

唐代 三彩双龙瓶

◎**藏品档案**

高 32 厘米，腹径 18 厘米。

盘口，高颈，圆肩，鼓腹，下腹部略内敛，小底平足，施半釉。胎土是唐代三彩中常见的藕粉胎，比较细腻，而且修胎工整细致，器身所施三彩分色鲜艳，流动感强。

◎**市场参考**

名窑精品，器型庄重大方，艺术水平极高，带有当时中外文化交流的印迹。市场参考价约 20 万元人民币。

◎**专家点评**

双龙瓶是我国隋唐时期比较常见的一种器型，除三彩外，还有白瓷双龙瓶、黄釉双龙瓶、绿釉双龙瓶等。此种器型最早见于我国的北朝陶瓷中，也是我国南北朝至隋唐时期传统文化与西域各族文化以及波斯文化交流的见证。

唐代巩县窑，在今河南巩县白冶河两岸，分小黄冶、铁匠炉村、白河村等几处窑址，始烧于北朝时期，以烧制唐三彩、青釉、白釉、唐绞胎釉等闻名于世。

唐代巩县窑除了唐三彩外，烧制的白瓷也非常有名，《元和郡县志》中有"开元中河南贡白瓷"的记载，说明在唐代，河南巩县窑即烧制有贡瓷。近几年来，西安唐大明宫遗址也出土有许多唐代巩县窑的白瓷，从侧面印证了这一点。而现今在收藏市场上十分受欢迎的唐青花瓷，也出自此窑。

在当前的收藏市场上，一般唐代巩县窑的陶瓷品都比较受欢迎，其工艺精细，釉层光亮，三彩器颜色很漂亮。巩县窑所烧器物一般都做工精细，胎体很白，器身与底足规整，修胎修坯精细，这些在北方窑址中都是首屈一指。唯一美中不足的是其胎釉结合较差，白瓷产品经常会有一些剥釉现象，此点也常让收藏者扼腕长叹，引为憾事。

"大河鉴宝"陶瓷鉴定专家／乔红涛

唐代　三彩长颈瓶

◎**藏品档案**

高 15 厘米。

圆腹长颈，喇叭底足，外侈口。整器施满釉，黄绿相间，器型纤巧秀丽，非常美观。这件三彩长颈瓶支钉在口沿，是三个细小芝麻钉。

◎**市场参考**

器型精美，属高档藏品。

市场参考价约 10 万元人民币。

◎**专家点评**

在唐代的三彩器皿中，瓶类器是非常少见的，一般所见的净瓶、长颈瓶也多为佛教器皿，做工精细，数量稀少，属于比较高档的藏品。

这件三彩长颈瓶和一般的唐代三彩长颈瓶略有不同，它的底足和三彩净瓶类似，而颈和三彩长颈瓶相似，但颈部还多有两道弦纹，比较独特，在功能上更倾向是一件纯观赏器，和那些平足的佛教三彩长颈瓶有些区别。

这件三彩长颈瓶施釉非常完整，釉色格外鲜艳，它的工艺中所用的支钉非常细小，属于典型的芝麻支钉，工艺算是非常精细的。前几年的民间收藏者多认为最早采用细小芝麻钉的是宋代汝窑，现在随着许多出土器物的佐证，这种观点已经被推翻。一般采用细小芝麻钉所烧造的器物属于高档藏品，是大家都认可的。

在唐代，北方烧三彩器皿的窑口除了河南巩县窑以外，还有许多窑口也有烧造，如陕西西安本地烧的三彩就非常有名气。而其在色彩与温度上与巩县窑也略有区别。

这件三彩长颈瓶的产地以我个人观点看，更倾向于是西安窑口烧制的。

"大河鉴宝"陶瓷鉴定专家 / 乔红涛

唐代　三彩鱼篓尊

◎**藏品档案**

高9厘米，宽8厘米，长10.5厘米。

◎**市场参考**

器型奇特稀有，艺术性强。市场参考价约10万元人民币。

◎**专家点评**

　　此件藏品是标准的唐三彩器物，为河南省巩义大小黄冶村产品。此为藕红胎，造型奇特而稀有，烧制精细，鱼篓上的编织纹路都很清晰，兼具历史性、稀有性与艺术性，是件难得的艺术珍品，收藏价值较高。

"大河鉴宝"陶瓷鉴定专家 / 李卫国

唐代 三彩人面镇墓兽

◎藏品档案

高 32 厘米，宽 20 厘米。

胎土为白色，釉色以黄绿为主，釉面完整、漂亮。造型为兽身武士脸，耳朵大而竖起，造型夸张，为唐代巩县窑产品。

◎市场参考

保存完好，头顶尖略有残缺。市场参考价约 4 万元人民币。

◎专家点评

唐三彩是世界瑰宝，名气不亚于宋代五大名窑的器具。它是由低温烧制而成，也有人称之为釉陶。唐三彩的颜色并不局限于三种，有的带有四种或五种色彩，统称为唐三彩。其色彩以黄、白、蓝、绿为主，其中蓝色为名贵色，收藏圈里有"三彩挂蓝，特别值钱"的说法。

河南唐三彩的产地主要在巩县（今巩义市）大小黄冶村。唐三彩一般不是实用器，大部分是陪葬品，以马、骆驼、贵妇人较为名贵，镇墓兽次之，还有一些碗、钵更次之。新中国成立前，唐三彩并没有受到人们的重视，民国时期市面出现的唐三彩大多被外国人买走，新中国成立后，一些专家通过考古发掘，才知道这种釉陶是唐三彩，其价值逐渐被人们所认识。

"大河鉴宝"陶瓷鉴定专家 / 李卫国

宋代　宋三彩狮枕

◎藏品档案

高 9.5 厘米，宽 20 厘米。
釉面开片较细碎，枕面有水波纹，
面下有一雄狮，枕边呈如意头式花
边，釉面由黄绿两色组成，胎微泛
红色。

◎市场参考

此枕造型优美，构图精细，内容新颖，釉面艳丽，品相完整，实为宋三彩中的精品，市场参考价约 10 万元
人民币。

◎专家点评

　　唐代之后宋代继续生产低温三彩釉陶。唐代生产的三彩釉陶，多为殉葬用的明器，
而宋代生产的三彩釉陶多为使用器，同时宋三彩的艺术成就也令人瞩目。与唐三彩相
比，宋三彩烧制温度稍高，胎釉结合较好，所以有"三彩之精"的说法。河南在宋代
时期烧制三彩的主要区域为登封、鲁山、禹州、宝丰等地，这些地方一方面烧制瓷器，
一方面烧制三彩，这说明宋代扩大了三彩器烧制地域，延长了三彩器的烧制历史。同
时期由契丹族建立的辽政权，也生产一种低温釉陶，称为"辽三彩"，具有独特的民
族风格和地方特色，为中国的陶瓷史增添了新的品种。

　　　　　　　　　　　　　　　　　　　　　　　"大河鉴宝"陶瓷鉴定专家 / 李卫国

三、紫砂

明代或之前　桥形钮盖玉璧底紫砂壶

◎**藏品档案**

高 14.3 厘米，口径 6 厘米，腹最大直径 11.3 厘米，重 825 克。

这把紫砂壶系出土壶，色泽古旧沧桑，造型原始古拙，砂质粗糙，胎体厚重。其造型特征为：塔形盖儿，短颈，丰肩，短直流，曲柄（为圆条捏成的耳形），圆腹，玉璧底，壶底中间有一小小的滴水穿孔，壶腹上面有清晰的手工拉坯的痕迹。壶口、盖钮、壶流、肩饰、曲柄及壶底均采用接榫镶接法制作完成，肩腹交界处有一周镶接痕迹。

◎**市场参考**

这把紫砂壶并非寻常之物，它具有极高的文物、历史、科研价值和经济收藏价值。

◎**专家点评**

紫砂壶的起源时间，目前我国学术界有持北宋之说者，也有持明代之说者，似乎尚无公认的定论。归根结底，最有说服力的，莫过于出土或传世的实物证据。

该壶有三点与众不同之处：一是壶的塔形钮盖、短直颈、圆孔平削的短直流以及耳形曲柄；二是在肩腹交界的一侧贴附有一个竖立的月牙形饰物，另一侧分列两个形似乳丁的凸起物（凸起物的面上印有清晰的指纹）；三是壶底为典型的"玉璧底"。这些特征与隋唐时期陶瓷壶、瓶、罐的造型及装饰手法均十分类似。尤为奇特的是壶盖内采用"十"字定位结构，以防壶盖滑落。

这把紫砂壶的确切出土地点和时间，我们今天已无从得知。但是我们不妨运用排除法和排比归类法来为它断代。从它的造型特征看，明代及其后的紫砂壶并无此造型，故可排除明代及明代以后的可能性。从造型及装饰手法的类同情况看，则颇具隋唐时期陶瓷器皿的艺术风格。从其原始古拙的形貌比较，显然比我国目前有纪年可考的号称"紫砂壶的祖母"的明代太监吴经墓出土的提梁壶更为古老。

据此，对这把紫砂壶的年代上限虽不敢定为早到隋唐时期，但是可以肯定的是它的年代下限理应早于明代。因此，我们有理由相信，我国紫砂壶的起源是在明代之前而非明代。关于此壶的具体功用，尚待进一步考证。

"大河鉴宝"玉器及杂项鉴定专家／张保龙

明代　戴锁洪造如意纹圆珠壶

◎**藏品档案**

壶高 18.5 厘米，流口至壶把间距 26 厘米。

壶外底正中钤有方形印款，印款中心为八角形阴阳太极八卦图，印款四角为阳文楷书"戴锁洪造"四字。此壶作者戴锁洪，不见著录，生平无考。

◎**市场参考**

故宫博物院收藏明清紫砂壶共 400 多件，其中明代紫砂壶不到 50 件。由此可知，国内明代带款紫砂壶数量极少，难得一遇。因此，这把明代戴锁洪造如意纹圆珠紫砂壶弥足珍贵。其市场参考价无疑应当高于清代精品紫砂壶的价位。

◎**专家点评**

　　由于生产年代、使用原料、制作工艺、审美观念等诸多方面的原因，明代紫砂壶带有鲜明的时代烙印，具有与众不同的并且鲜明易辨的客观特征。概而言之，明代紫砂壶具有以下几个方面的特点：

　　其一，胎泥粗糙，胎体厚重，气魄宏大。有关资料表明，明代紫砂泥料的目数（即泥料的精炼程度）仅为 25~30 目泥料，所以明代紫砂壶泥料内含有较多颗粒状粗砂，表面较为粗糙。胎质较为疏松，用手指弹击声音粗浊闷哑。

其二，崇尚简古之风，装饰手法与明式家具相同，极为简洁。通常光素无纹饰，或仅于关键部位如钮与盖相接处或柄、流与壶身相接处贴饰如意纹（又称柿蒂纹）泥片，起画龙点睛之美化效果。壶嘴无一例外均为单孔。泥色单调，为紫色或红色。

其三，款识多为刻款，后有印款，字体均为楷书。

其四，传世壶包浆厚润，墓葬出土壶则失光。

这把戴锁洪造如意纹圆珠壶是一把传世紫砂壶，依据各方面特征综合判断，为明代晚期作品。壶表包浆厚润，发出黯然之光。泥料内含颗粒状粗砂，壶表较为粗糙。壶形为圆珠造型，圆钮、圆盖、圆嘴、圆腹、圆把、圈底，壶腹向下渐收，线条自然流畅，颇具"珠圆玉润"之美。胎体厚重，器型硕大稳重，壶钮同壶盖，壶嘴、壶把同壶身镶接修整而成，前后配置均衡得体，三弯长嘴挺拔张扬，有大气磅礴之势。字母盖，口盖吻合严密，出水十分顺畅，收束干净利落，不流涎。

尤其值得一提的是其简洁而得体的装饰手法。此壶通身光素，仅在人们观壶的视觉焦点——壶盖上面，贴饰形象逼真、极具浮雕效果的如意纹泥片（亦称柿蒂纹），不仅美化了钮与盖之间的接痕，而且收到了画龙点睛之效，可谓"神来之笔"，极其出彩。这种简洁得体的装饰手法，不仅与明代古典家具的装饰手法一脉相承，尤其与1984年江苏无锡彩桥村明代华氏家族墓中出土的时大彬如意纹盖紫砂壶的装饰手法完全相同，可谓深得"时壶"三昧。从壶内看，壶底与壶身粘接处以及壶盖与子口粘接处，未做任何修刮处理，均留有凸起的脂泥圈，保持了当时制壶工艺的原始风貌。

"大河鉴宝"玉器及杂项鉴定专家／张保龙

清代　彭年制"曼生"款半球壶

◎藏品档案

壶高 6.5 厘米。

采用紫砂珍稀泥料天青泥烧制而成,砂质纯正,光润如玉,包浆自然。壶型状如半球,壶肩顺溜而下,底大如盘,稳如覆盆。盖钮拱起极其自然,与壶身的弧度融合为一。嘴与把大小相近、前后照应,全器造型稳重,线条流畅,韵致灵动,艺术水平极高。嘴、钮、把三点一线,口盖密实通转,出水流畅有力,实用性能极佳。壶腹镌刻铭文:"梅雪枝头活火煎,山中人兮仙乎仙。"底部署"曼生"篆书款。

◎市场参考

"曼生壶"将金石书画篆刻艺术融入紫砂壶的创作之中,追求文化和艺术的高品位,充满了儒家的人文精神和浓郁的书卷气息,表达出文人的高雅志趣,达到了壶名、壶形与铭文的高度和谐统一,因而成为成就极高、影响极大的紫砂壶艺术珍品。

真品"曼生壶"存世不到 20 把,极为珍稀。2012 年嘉德拍卖杨彭年制陈曼生为江听香铭石铫壶成交价为 368 万元人民币。2013 年保利拍卖杨彭年制陈曼生刻汉君壶以 287 万元人民币成交。据此,这把彭年制曼生铭半球壶的市场保守参考价应在 200 万元人民币左右。

◎专家点评

　　陈曼生，名鸿寿，字子恭，号老曼、曼寿、曼公，还有夹谷亭长、胥溪渔隐、种榆仙客、种榆道人等别称。清代乾隆、嘉庆年间浙江钱塘人，著名金石书画家，被后世尊为"西泠八家"之一。杨彭年，字二泉，清代嘉庆年间制壶名家，其所制紫砂壶温润朴素，韵致天然。清嘉庆二十一至二十四年（1816—1819年），陈曼生任溧阳县令，喜爱紫砂壶，公余之暇，曾自创新样，请杨彭年兄妹制壶，然后由其题字铭刻或由其幕客代书奏刀。由是"字以壶传，壶随字贵"，世称"曼生壶"，为时大彬后之绝技。在任三年期间，陈曼生与杨彭年合作的"曼生壶"，大部分在壶腹刻"曼生"或"曼生铭"，壶底钤"阿曼陀室"，而制壶艺人"彭年"小印则钤于把梢。据此可知，这把"曼生壶"完成于陈曼生溧阳县令任期之内，即清嘉庆二十一至二十四年（1816—1819年）。

　　壶腹镌刻铭文："梅雪枝头活火煎，山中人分仙乎仙。" 署"曼生"。刀法遒劲飘逸，当为陈曼生自书刻铭。铭文内容既切茶又不囿于茶，旁涉梅花、雪景及闲情逸致，可谓意境优美，意蕴万千。隐居幽深山林，远离尘世喧嚣，静赏自然美景，心境已够清闲惬意，再品尝着用梅树枝头融澄的雪水烹出的香茗，那自然比神仙还要逍遥自在。壶底钤"阿曼陀室"阳文篆书方印，把梢有"彭年"阳文篆书小印。小小一壶，集诗、书、篆刻于一体，充满了儒人雅士的高雅情趣和浓郁的书卷气息。

"大河鉴宝"玉器及杂项鉴定专家／张保龙

第二节　瓷器鉴真

一、琢器·造型精美的瓶类器具

北宋　影青釉蝶形口瓶

◎**藏品档案**

高 23 厘米，底径 10 厘米。
底高足，口呈飞碟形小口，鼓腹，釉青白色，
釉面开片清晰。

◎**市场参考**

影青瓷胎薄质细，釉色明澈温润，青色淡雅，
符合宋人审美观点，品相完整，器形美丽大方，
属于罕见品，市场估价为 15 万元人民币。

◎**专家点评**

　　影青瓷也叫青白瓷，是宋元时期一种釉色介于青白之间的薄胎瓷器。从器物表面看几乎是白色，但素白釉中泛出淡淡的青色，故称"影青"。影青瓷是北宋时期新创的具有地方特色、风格独特的瓷器。这几年的考古发现安徽繁昌窑生产影青瓷早于湖田窑和景德镇窑，但湖田窑及景德镇窑更好地发展了这一品种，出产的瓷器质量上乘。河南影青在各地馆藏文物中屡见不鲜，在对禹县钧台窑进行考古发掘时发现了影青瓷瓷片，新安城关窑和临汝严和店窑也发现了一定数量的影青瓷标本，说明当时河南窑口也在烧制影青瓷。

"大河鉴宝"陶瓷鉴定专家／李卫国

宋代　当阳峪三彩花瓶

◎**藏品档案**

高19厘米，口径7厘米。
色彩艳丽，釉光润亮，胎色为缸瓦胎稍红，为宋代当阳峪产品，底足有修补痕迹。

◎**市场参考**

虽然底足有修补痕迹，但其文物价值高，比较少见，市场参考价为6000元人民币。

◎**专家点评**

　　当阳峪位于河南省修武县城西北22公里的西村乡当阳峪村，有丰富的煤炭资源和白甘子石，为烧制瓷器提供了很好的条件。1963年，当阳峪古窑址被河南省公布为第一批重点文物保护单位。就质地来说，当阳峪瓷器有极细洁的白胎，有极坚硬的灰胎，也有较粗的砂胎和缸瓦胎。就工艺来说，有刻花，有半画半刻填彩，有三彩，有绞胎绞釉，但以白釉为主。绞胎绞釉、三彩釉、绿釉三种较为少见。当阳峪古窑以剔花而著名，以绞胎绞釉而独树一帜，深受广大藏友喜爱。

"大河鉴宝"陶瓷鉴定专家／李卫国

清代　钧釉荸荠瓶

◎藏品档案

高 21 厘米，口径 4 厘米，底径 8.3 厘米。
底款"大清乾隆年制"，釉面蓝中泛红。
由于此瓶外形很像荸荠，故称"荸荠瓶"。

◎市场参考

此瓶为乾隆时期官窑瓷器，十分难得，市
场参考价约 26 万元人民币。

◎专家点评

　　钧瓷在宋代是河南地区的特有产品，金代、元代也有烧造，明代时曾中断了一段
时间。到了清代，因为皇帝喜欢钧釉，开始复烧。这时期的瓷业中心已经转移到了景
德镇，由于景德镇的高岭土比较优良，烧出来的官窑钧瓷胜过前代的钧瓷，红中泛蓝，
蓝中泛紫，釉色显得格外美丽。特别是雍正时期的钧红釉瓷，器形及釉色达到了一个
高峰。乾隆时期继承了雍正时期的传统，不但釉色漂亮，还出现了一些像生瓷。由于
钧釉在炉中流淌，难以控制，会出现"窑粘"现象，所以好多钧瓷都有砸底的情况。
此时的官窑产品一般有磨底，这也成为鉴定这一时期瓷器的依据。

"大河鉴宝"陶瓷鉴定专家 / 李卫国

清代　广彩人物瓶

◎**藏品档案**

高 32 厘米。

瓶敞口，直颈，螭龙耳，弧腹，圈足。腹部为开光人物图，画面呈现和谐景象，彩料含金。经专家鉴定应为同治时期产品。

◎**市场参考**

市场参考价约 1.5 万元人民币。

◎**专家点评**

　　广彩始于雍正年间，兴于乾隆年间，嘉庆时为外销瓷的主要品种，其制作工艺是在景德镇烧制素胎，然后运往广州绘纹烧成，故称"广彩"。广彩的主要色彩有红、黄、绿、紫、藕荷等色，较多的为藕荷色和金彩。广彩因设色浅淡，制作精细，繁复华丽，颇能迎合西方人所好。绘画内容为汉装或清装人物，也有迎合西方生活习俗的仕女人物肖像。"宁静斋"款为乾隆时的制品。

　　在色彩上，雍正与乾隆时期广彩器具的主要区别是雍正时较浅，乾隆时较深。

"大河鉴宝"陶瓷鉴定专家／李卫国

清代　康熙冰梅纹六方瓶

◎藏品档案

高 28 厘米，口径 5.1 厘米，底径 8 厘米。

形制为六方，比较少见。而青花发色鲜艳而沉稳，瓷胎洁白细腻，修足规整，底足的款识为青花款的"康熙年制"。

◎市场参考

这件藏品为六方形，比较少见。因为口沿有些磕碰，在一定程度上影响了它的价值。

市场参考价 1 万元人民币。

◎专家点评

　　康熙时期青花瓷以胎釉精细、青花鲜艳、造型古朴多样、纹饰优美而负盛名。康熙青花的发色也很有特点，世称"色有五彩"。由于康熙青花除了早期的浙料外，多使用云南的"珠明料"，这种青花色料提炼精纯，呈色鲜蓝青翠，明净艳丽，清朗不浑，艳而不俗，所以康熙青花有五个层次的色阶，即"头浓、正浓、二浓、正淡、影淡"之分，这也是康熙青花备受世人推崇的重要原因之一。由于康熙青花瓷的工艺水平高，影响力较大，所以后仿的较多，一般有清仿和现代仿两种，清仿多为清晚期光绪时期的青花产品伪书康熙时期的年款，另一种则是当代为谋利而仿制的清康熙时期的产品。

　　冰梅纹饰是康熙时期比较常见的一种装饰工艺，冰梅纹饰的器物也较多，有盘、碗、碟、杯、盒、瓶、尊、壶、罐、炉等。一般现在市场上常见的多为冰梅罐、冰梅瓶和冰梅盘、冰梅碗等。

"大河鉴宝"陶瓷鉴定专家／乔红涛

清末 瓜皮绿梅瓶

◎**藏品档案**

高 13 厘米，底径 6.5 厘米。

◎**市场参考**

品相完整，器形优美，是一件难得的把玩器。
市场参考价约 8000 元人民币。

◎**专家点评**

在钧瓷的家族里，有一种因为颜色酷似西瓜皮，被广大的收藏爱好者称为"瓜皮绿"，分葱绿、翠绿、叶绿。另，大火蓝也称大窑蓝，大窑蓝釉料以进口钴料为主，创造了难以形容的碧蓝、海蓝、草蓝等天青效果。虽不及宋金时期钧瓷之玉润，但也有其独特地位。它们的生产时期从清末一直延续到新中国成立后的 1958 年。

清末的瓜皮绿和大窑蓝有同样的特点，即胎体细致，旋削认真，多数底足有铁锈护胎釉，器型多为赏瓶、香炉及小型把玩器。肩和耳有虎头装饰，偶见抹红，是铬、锡红色料，彩斑红暗呆滞。新中国成立后，曾将小窑改大窑，产量成倍增长，这个时期的大窑蓝和瓜皮绿底足只有过底釉，不见铁锈护胎釉，胎质也较为疏松，石膏模具注浆成型也开始运用，今人戏称"运动瓷"。产量虽大，但生产时间短，在整个钧瓷发展的历史上起着承上启下的作用。

"大河鉴宝"陶瓷鉴定专家／李卫国

二、琢器·各具特色的罐类器具

东汉　青瓷双系罐

◎**藏品档案**

高 28 厘米，口径 10.6 厘米，底径 12 厘米。
圆腹撇口，器物肩部有双系，系上带有细划纹饰。
这件双系罐施半釉，釉色青绿微泛灰色，是典
型的东汉青瓷釉色。胎土为夹砂红土胎，在南
方比较常见。修胎不规整，有鼓起现象。

◎**市场参考**

这件东汉青瓷造型古朴浑厚，釉色青绿沉稳，
釉面微有土蚀。其器物下部胎壁的鼓起也符合
东汉时期以泥条盘筑、模制和手捏等制作方法
来烧制陶瓷器的风格，且整器无修补，算是一
件比较不错的高古陶瓷藏品。现在的高古陶瓷收藏在国内还处于一个刚起步的阶段，受了解认识水平的限
制和收藏水平的影响，人们对中国高古的陶瓷器认识还远不到位。这件汉代青瓷器，根据其品相，目前的
市场价在 5000 元 ~1 万元之间，还是有很大的升值潜力的。

◎**专家点评**

　　根据目前考古资料来看，东汉青瓷的主要产地是在我国南方，以浙江宁绍平原、
金华丘陵和永嘉沿海地区为主。在上虞、宁波、慈溪、永嘉、金华等地均发现有窑址，
其中以上虞的窑址最多。很有意思的是，东汉青瓷在我国北方发现的也很多，但现在
尚没有在北方发现有东汉青瓷的确切窑址。我国青瓷制作技艺的成熟时期是在东汉，
此时的青瓷已经不同于商周、战国时期的原始瓷了。东汉青瓷在造型和装饰上与原始
青瓷很相似，但是在胎釉的化学组成以及烧成温度等方面则有很大的不同。简单地说，
由于釉水化学成分的不同，东汉时青色釉水的透明度更高，胎釉结合也更紧密，同时
炼制的温度也有提高。

"大河鉴宝"陶瓷鉴定专家／乔红涛

三国 越窑叶脉纹双耳罐

◎**藏品档案**

高 20 厘米，足径 10.3 厘米。

罐呈直口型，圆腹，双耳有叶脉纹及手压痕迹，肩有一圈斜格纹，底有火石红，应为三国后期的越窑产品。

◎**市场参考**

品相完整，古朴大方，造型小巧玲珑，为三国时期不可多得的珍品，市场参考价约 3 万元人民币。

◎**专家点评**

　　越窑的主要产地在上虞、余姚、绍兴等地，周时为越国，唐为越州，因此得名。越窑自东汉创烧青瓷以来，经三国、两晋、南北朝、隋唐直到宋，从未间断过。陆龟蒙在《秘色越器》中提到"九秋风露越窑开，夺得千峰翠色来"，表达了唐人对越窑的赞美。三国时期越窑瓷器花纹比较简朴，常用斜方格纹、水波纹、叶脉纹等，装饰常用虎首、熊足并在谷仓上堆塑人物。

"大河鉴宝"陶瓷鉴定专家 / 李卫国

北朝　褐釉四系罐

◎**藏品档案**

高 16 厘米，口径 10 厘米。

通体褐釉，满釉支烧，底足有明显的低温釉陶器所常见的偏心旋纹，圆口丰肩，肩部有四个立系，也称抓系，为北朝时期所特有的一个特点。

◎**市场参考**

现在随着收藏市场上收藏人数激增，很多过去大家认为一般的器物也不多见了，而且市场上价格也提高得很快，像这件藏品，本身器型比较完整，也没有什么残损，就算是比较好的收藏品了，现市场参考价约 1 万元人民币。

◎**专家点评**

　　南北朝时期是我国陶瓷发展史上一个比较重要的时期，此时无论釉色、器型与前朝比都有较大的发展。白瓷、低温彩色釉陶等几乎都出现在此时，同时由于南北朝时期民族融合的缘故，许多陶瓷器上还带有比较明显的少数民族或西域特色。就如这件北朝四系罐一样，它的立系就非常少见，只有在北朝的陶瓷上有所发现，具有非常鲜明的时代特点，研究价值也很大，所以文博界对这类南北朝时期的北朝低温褐釉陶瓷比较看重，在文物考古中有比较独立的地位，文物定级一般也较高，在国家的文物定级图录上也经常能看到。

　　过去，这样的器物在民间收藏中并未被重视，主要是由于这类器物色彩比较单调，除了褐釉外常见的还有一些黄釉，而且纹饰简单，或没有纹饰。

"大河鉴宝"陶瓷鉴定专家 / 乔红涛

南北朝 越窑四系青釉罐

◎**藏品档案**

器高 26 厘米，口径 13.5 厘米。

胎色灰白，胎釉接合处有火石红，肩上部分刻有莲瓣纹，下部有太阳纹及斜方格纹，器口处有四系，器身纹路清晰，器形古朴大方。

◎**市场参考**

这件藏品保存十分完整，档次较高，市场参考价约 6 万元人民币。

◎**专家点评**

　　最早提到越窑的是唐代陆羽的《茶经》，里面有"越州瓷、岳州瓷皆青，青则益茶……"的记载。越窑的主要产地在上虞、余姚、绍兴等，周时为越国，唐为越州，因此而得名。越州自东汉创烧青瓷以来，经三国两晋、南北朝、隋唐直到宋，从未间断过，窑口分布在福建、浙江、江西等地，窑口众多，分布较广，产品风格一致。现在说的"南青北白"中的"南青"指的就是越窑青瓷。

"大河鉴宝"陶瓷鉴定专家 / 李卫国

唐代 花斑釉双系罐

◎**藏品档案**

口径 8.5 厘米，底径 7.5 厘米，高 11 厘米。

◎**市场参考**

花斑釉风格独特，品相完整，浑厚质朴，市场参考价约 2.5 万 ~3 万元人民币。

◎**专家点评**

　　花斑釉在河南古陶瓷中占有重要的一席，以鲁山段店窑出的最为有名，当然，郏县黄道窑也出，这件就出自黄道窑。花斑釉风格独特，常在黑釉、黄釉、黄褐釉、天蓝釉、茶叶釉上饰以天蓝或月白色斑点，衬托出浅色彩斑，显得格外醒目，俗称为"唐钧"。花釉瓷是唐代制瓷史上的又一创新，为宋代五大名窑的钧窑奠定了基础。

"大河鉴宝"陶瓷鉴定专家 / 李卫国

唐代　巩县窑双系白釉罐

◎**藏品档案**

器高 23 厘米，口径 12 厘米，底足 10 厘米。

双系为象鼻系，盖成塔尖形，釉色白而不腻，做工精细工整，器型圆润华贵，充分体现了大唐风范。

◎**市场参考**

白瓷是收藏家喜爱、追捧的瓷种，这件白瓷罐年份好、品相好、做工好，市场价位较高，估价 8 万元。

◎**专家点评**

　　巩县窑是河南西部一重要窑口。提起巩县窑，人们首先会想到唐三彩，实际上它烧造的白瓷也十分出名。在西安大明宫考古发掘过程中，发现了巩县窑的瓷器瓷片，说明巩县窑在唐代已为官家烧造瓷器。唐代是我国历史上的一个鼎盛时期，人民生活稳定富裕，对外交流极为活跃，因此在瓷器上也有外来文化的体现。

"大河鉴宝"陶瓷鉴定专家 / 李卫国

唐代　黄冶窑洒蓝绿彩万年罐

◎藏品档案

高 24 厘米，直径 17 厘米。

细白胎土，施以蓝绿彩铅釉，釉面有侵蚀，部分器表稍有反铅现象。但其上的蓝绿色彩仍然斑斓艳丽，器型浑圆饱满且修胎工整，为典型的盛唐巩县黄冶窑三彩器物。

◎市场参考

市场参考价约 12 万元人民币。

◎专家点评

　　河南巩县黄冶窑，是我国唐代北方烧制三彩器最著名窑口之一。黄冶窑所烧三彩器较显著的特点就是其三彩分色艳丽，胎土细密洁白，修胎工整规范，并且黄冶窑是我国唐代烧制三彩器中使用蓝彩较多的一个窑口，唐代的洒蓝斑三彩器物大多出自此窑。现今文博界也多认为，举世闻名的唐代"黑石号"沉船中所出的唐青花瓷器皆来源于此。

　　相对于其他色彩，蓝彩在唐代三彩中属于比较稀少、珍贵的一种釉色。唐代三彩器中施蓝彩的器物大多价值较高，这件洒蓝彩万年罐不仅所施蓝彩流淌性强、色彩感染力强烈，而且器型保存也较完整，这在三彩类器皿中很难得。

"大河鉴宝"陶瓷鉴定专家 / 乔红涛

宋代 绿釉水波纹贴花罐

◎**藏品档案**

高 14.5 厘米。

这件绿釉水波纹贴花罐是许昌金雨博物馆宋代陶瓷中的一件精品。施绿釉过底，圈足支烧，罐腹饰以三组戳印纹与两组水波纹饰，以六组绳纹间隔，且器口沿部有一圈贴花。

◎**市场参考**

工艺复杂，制作精美。市场参考价约 30 万元人民币。

◎**专家点评**

　　类似这种绿釉水波纹带贴花的制作工艺，现在收藏界多认为是晚唐到北宋时期的产品。1961 年及 1962 年在河南密县西关窑的考察中，最早发现有类似标本，因此是河南密县西关窑产品。除绿釉以外，尚见有黄釉产品、黄绿釉相间产品。其纹饰多以水波纹、戳印纹、蕉叶纹为主，且多带有贴花工艺，贴花一般多为小宝相花及竹叶纹。

　　这种绿釉或黄釉的产品，大多是五代至宋间陶瓷里的精品，且在寺院、庙宇遗址出土较多，所以也有许多收藏者认为是佛教用品。著名的河北定州静志寺塔基 1969 年出土的一批北宋精品陶瓷，有几件在工艺及制作方法上与这件绿釉水波纹贴花罐一样，所以年代确定非常容易。

　　河南密县西关窑也非常有意思，在史籍和县志中均未见有关此窑口的记载。但从其窑址发掘出土的产品来看，当时的制作与烧制工艺都非常优秀。此窑当时不仅烧制有此类制作精良的绿釉、黄釉产品，还烧制有高档精美的白瓷，而且现在学术界已经认为在晚唐至北宋时期，河南著名的珍珠地陶瓷产品的烧制也起源于此窑。

"大河鉴宝"陶瓷鉴定专家／乔红涛

元代　民汝青釉双系罐

◎**藏品档案**

高 11 厘米，底径 7 厘米。

罐外施釉不到底，罐内施釉也不到底。

经鉴定为元代产品，元代的战争使汝瓷质量明显下降，开始烧造民用产品，直到停烧。

◎**市场参考**

由于民汝存世稀少，此罐也非常难得，遗憾的是此罐有一冲线，专家估价约 8 万元人民币。

◎**专家点评**

中国瓷器发展到宋代，是单色釉烧造的黄金时期。汝、钧、官、哥、定五大名窑产品，代表了宋代陶瓷艺术的辉煌成就，对瓷业的影响特别大，为收藏家及爱好者所珍视。

汝窑的烧制时间始于宋初，元末停烧。它继承了唐和五代时越窑釉色，又掺入玛瑙末为釉，使釉质细腻滋润。卵白、天青、豆青、虾青釉色中往往微带黄色。尤以"天青为贵，粉青为尚，天蓝弥足珍贵"，更有"天青云破处"之美称。汝窑在装饰上吸收了隋唐时期釉下刻、划、堆、贴等传统工艺，创造了印花的特殊风韵，并采用支钉托烧叠烧法。汝窑瓷质坚硬，胎色多为深灰、烟灰、香灰等色，并施护胎釉，以达到青釉的呈色效果。北宋晚期官方还设立御窑，专为宫廷烧制贡瓷，使汝窑制作达到顶峰，其工艺细致入微，裹足支烧，支钉细小如芝麻点，通体施釉，绚丽多姿，造型也多种多样，有瓶、洗、盏、盂、尊等，多为珍品。目前全国范围发现流传至今的传世品只有 65 件。

"大河鉴宝"陶瓷鉴定专家／李卫国

金元时期　扒村窑白地黑花双耳罐

◎**藏品档案**

高 12 厘米，直径 11 厘米。

黑白分明，制作精美，画风肆意流畅，经鉴定为金元时期扒村窑产品。

◎**市场参考**

这件藏品品相完整，估价约 1 万元人民币。

◎**专家点评**

　　磁州窑是中国北方较大的民窑，其产品深受人们的欢迎。河北磁县冶子村为其发祥地，该村与河南省安阳观台镇隔河相对。磁州窑主要生产民间生活用品，瓷土未经精选，烧制过程较简单。在胎釉之间施一层洁白的化妆土，这是它最富有特色的工艺之一，由于有化妆土衬在釉下，显得黑白分明，釉面平滑柔润，洁白美观。

　　河南禹县扒村窑是禹县最大的古窑址之一，以出产白地黑花瓷为主，颇负盛名。1950 年陈万里先生曾来此调查，1964 年故宫博物院冯先铭等人也来此调查过。扒村窑善于利用施白色化妆土的方法，粗料细作，精益求精。其作品实用、经济、美观，合乎当时群众的需求。扒村窑也有自己的特色，那就是多彩，加褐彩或加红黄、红绿彩，使瓷器更美观，有"加彩之精，加彩之美"的美称。其白如蜡，黑如漆，绿如翠，是磁州窑系中出类拔萃的品种。

"大河鉴宝"陶瓷鉴定专家 / 李卫国

三、琢器·花样纷呈的其他器形

汉代　绿釉博山炉

◎**藏品档案**

高24厘米，直径20.4厘米。
圆腹直口。器腹有一圈模印瑞兽纹，山形盖，
三熊足底。通体施绿釉，完整无残损，局部微
有泛铅现象。

◎**市场参考**

这样的一件汉代绿釉博山炉，前些年的市场价
格只有几百元钱，现在则为6000元~8000元。
随着时间的推移，它的收藏潜力与前景非常可
观，算是一个比较不错的收藏品种。

◎**专家点评**

　　汉绿釉是我国汉代低温陶瓷的一个主要品种，也是收藏者经常能见到的一个收藏
品种。窑口主要分布在我国北方，以河南、山西、陕西、山东等地出土较多，尤以河
南灵宝与济源地区所出的最为精美。汉绿釉一般多为墓葬明器，也有一些是实用器。
汉绿釉其实也是汉代低温铅釉的一种统称，其釉色还包括黄与褐色或赭红等，它的种
类繁多，器型也多种多样，有盆、罐、灯、奁、仓、灶、楼台、亭榭等，当时所用的器具，
在汉绿釉中一般都能见到。汉绿釉器大多施釉到底，工艺水平很高，器物多采用模印、
剔刻、堆塑等工艺，纹饰也多种多样，器型一般都很大气、庄重，具有强烈的时代特征。

　　汉代在我国历史上是一个比较强盛的时代，当时的墓葬习俗是厚葬，所以出土的
汉绿釉器物也较多，这也导致在过去很长的一个时期里汉绿釉器的价格都不高。近几
年来，随着人们收藏认识的提高，欣赏和收藏眼光、水平都有很大进步，汉绿釉也越
来越被人看重，市场价格一路走高。

"大河鉴宝"陶瓷鉴定专家／乔红涛

唐代　巩县窑白釉唾盂

◎**藏品档案**

高 15 厘米，口径 6 厘米。

盘口，束颈，鼓腹。釉色白中闪青，微有滚釉现象。胎土为灰白胎，比较致密，整个器型规整大气，是唐代河南巩县白瓷中比较典型的一种器型。这个白釉唾盂保存完好，还有原盖，难能可贵。

◎**市场参考**

唐代的白瓷器物是目前收藏市场上比较受欢迎的一种藏品，尤其以河北邢窑与河南巩县窑的产品为最，像这样保存完整、品相较好的唐代白瓷，目前市场价格多在 2 万至 3 万元之间，尚处于一种较低的市场价格上，还留有较大的上涨空间。

◎**专家点评**

　　唾盂这个器型，最早出现在汉代的低温釉陶瓷器上。关于它的功能有两种说法，一个是酒器，用于盛酒之用，主要是因为它有时出现在唐代的七星盘中，作为主器。而七星盘上其他器具多为杯、碗类，所以有酒器之说。另有一个说法是一种漱口所用的器具，民间又俗称口盂。究竟哪种说法更为准确，目前尚无定论。

"大河鉴宝"陶瓷鉴定专家 / 乔红涛

唐代　外黑里白三足铛

◎**藏品档案**

高 4.5 厘米，直径 11 厘米。

这件三足铛是圆形三足，口沿一圈刮釉，口沿下部出一个三角形柄头。工艺上比较精细，型制上古朴庄重。外部满施黑釉，里面施白釉，釉水肥厚，釉色上黑白分明，比较有特色。

◎**市场参考**

数量稀少，档次较高，具有很高的收藏价值。市场参考价约 8 万元人民币。

◎**专家点评**

铛，温器，似锅，三足（亦有一说为古兵器的名字，形半圆，有柄），属于古代的一种酒器。因其型制上类似于青铜酒器镳斗，故也有人认为唐代陶瓷三足铛的器型即源于镳斗，作用也于镳斗类似。

和青铜器一样，唐代陶瓷中酒器数量稀少，且多为统治阶级或贵族所使用，因而档次较高，其收藏价值亦较大。类似于这样的陶瓷三足铛，一般多为河南巩县窑所烧造，常见的还有纯白色釉或黑色釉的，柄头的型制上也分为三角形和圆形两种。

有意思的是，在唐代陶瓷中三足铛的口沿多见刮釉现象，有藏者认为可能是为以后口沿包金银做准备，也有观点认为口沿刮釉是为了覆烧。究竟哪种观点正确还有待广大收藏爱好者以后的发现或研究了。

"大河鉴宝"陶瓷鉴定专家 / 乔红涛

唐代 黄釉褐彩执壶

◎**藏品档案**

高 18.5 厘米，口径 7 厘米，底径 8 厘米。

◎**市场参考**

名窑产品，保存完好，品相好。

市场参考价约 3 万元人民币。

◎**专家点评**

　　黄釉褐彩执壶应为唐代郏县黄道窑产品，为当时的盛酒器具。黄道古称神前，与现在的禹州神垕镇相距很近，仅有一山之隔，现在的黄道村就是当时的古窑所在地。黄道窑从唐代开始烧制瓷器，历经宋、金、元等朝代，烧制的品种特别丰富，如唐花斑、黑白花、黄釉点彩等，其中黄釉席纹点彩最为有名。故宫博物院和上海博物院都藏有该窑的遗存，冯先铭教授曾先后两次到窑址考察和收集瓷片。

　　此执壶经历一千多年，仍保存完整，釉光较好，点彩自然，实属难得。

"大河鉴宝"陶瓷鉴定专家 / 李卫国

宋代　青白瓜棱执壶

◎**藏品档案**

高 14 厘米，底径 6 厘米。

胎土洁白，素净淡雅，有一冲线，经鉴定为北宋湖田窑产品。

◎**市场参考**

市场参考价 5000 元 ~6000 元人民币。

◎**专家点评**

　　青白瓷也叫影青瓷，是宋元时期一种釉色介于青和白之间的瓷器，因白中泛青，故称"影青"。根据最近的考古发现，青白瓷为安徽的繁昌窑创烧，经宋代湖田和景德镇窑创新发展，形成了自己独特的风格。由于影青瓷器素净淡雅，很受欢迎，为满足人们生活需要，当时全国各地的窑口也纷纷烧制，如江西南丰白舍窑、吉安永和镇窑、广东潮安窑、福建德化窑、武昌舍口窑等。

　　通过对河南各地窑口的调查发现，宋代河南也烧造影青瓷。在钧台窑的汝瓷烧造区，发现一定数量的影青瓷。河南烧造的影青瓷与湖田窑有明显区别，湖田窑覆烧，而河南影青瓷采用与汝窑相同的支钉仰烧，胎骨洁白程度与湖田窑相比略有逊色。湖田窑花卉图案纹痕较深，手摸时有凸凹感，而河南影青花纹浅，手摸时无明显感觉。河南影青从北宋初开始烧造，多素面，造型单调，在宋中期有了较快的发展，品种增多，注重装饰，形成了南北瓷艺交汇竞争之风。

"大河鉴宝"陶瓷鉴定专家 / 乔红涛

宋代　扒村窑白釉黑花童子像

◎**藏品档案**

高 13 厘米。

人物为一孩童手持莲花，身穿宋式服装，面部表情活泼自然，经鉴定为宋代禹县扒村窑产品。

◎**市场参考**

这件藏品，品相完整，黑白分明，有化妆土装饰，为宋代服饰和民俗文化研究提供了实物资料，极为珍贵，市场参考价约 1.5 万元人民币。

◎**专家点评**

　　禹县扒村位于河南省禹州市城北，这里矿产资源丰富，北部小山岗产瓷土，西部杏山产煤，得天独厚的条件使扒村成为磁州窑系中的明珠。扒村窑在唐代以烧制白瓷为主，宋代以烧制黑白花瓷器为主，此外还有加各种色彩的瓷器，因在器物上以写书作画作为装饰而极负盛名。

　　扒村窑产品以富有乡土气息与民间色彩而著称，在宋瓷中别具一格。其装饰图案取材于当时人民喜闻乐见的生活小景，富有生活意趣，保存了宋代民间绘画和宋代民俗的风貌。现存实物成为各大博物馆的首选藏品，"酒海醉乡"大梅瓶、"正八"大梅瓶堪称扒村窑的精品，现存上海博物馆；故宫博物院收藏有扒村窑花卉大盆。扒村窑产品粗料细作，精益求精，合乎实用、经济、美观的需求，是宋代中原地区重要窑口之一。

　　　　　　　　　　　　　　　　"大河鉴宝"陶瓷鉴定专家 / 李卫国

宋金时期　磁州窑白底黑花元宝枕

◎**藏品档案**

高 13 厘米，宽 25.5 厘米。

◎**市场参考**

品相完整，绘画线条流畅。市场参考价约 3 万元人民币。

◎**专家点评**

　　磁州窑是中国北方一个较大的民窑，其产品很受广大藏友喜爱。磁州窑以河北省磁县冶子村为发祥地，在隋唐时期已经形成一定的规模，鼎盛时期是宋金元时期，具有一千多年的历史。新中国成立后对磁州窑进行了大面积发掘。品种多、工艺绘画独特是磁州窑系的独特风格。

　　磁州窑胎体粗松，一般呈灰白色或姜黄色。白釉一般白中泛黄，铁锈花中泛褐，在胎釉之间施一层洁白的化妆土，尽管胎体较粗，但釉面却平滑柔润，加上黑白相衬，显得洁白美观。

"大河鉴宝"陶瓷鉴定专家／李卫国

金元时期　加彩佛像

◎藏品档案

高15厘米，底座宽4.5厘米。

◎市场参考

器型完整，十分稀有。 市场参考价约3万元人民币。

◎专家点评

　　此物为禹县扒村金元时期产品。扒村位于河南禹县城北，是禹县最大的古窑址，属于磁州窑系。

　　扒村烧造产品丰富多彩，有"三彩之精、加彩之美"之说，又有"红如朱、白如蜡、黑如漆、绿如翠"之美。扒村窑口善于利用白色化妆土做到粗料细做，追求精益求精。此佛像集以上特点于一身，器型完整，色彩美丽，十分稀有。

　　"大河鉴宝"陶瓷鉴定专家 / 李卫国

四、简约不简单的圆器鉴定

 北朝　低温釉米黄色小杯

◎藏品档案

高8厘米，口径6厘米，品相完整。

小杯是直壁高饼足，足心微凹，细白胎且做了抛光处理，施釉到足根，釉色黄中闪青，釉水薄而均匀，开片细密，油润感强。它带有很明显的北朝时期低温釉陶瓷特征，是一件比较开门的北朝时期低温釉杯子。

◎市场参考

现在收藏市场上北朝时期的产品非常抢手。前些年这样的杯子在市场上也不过几百元人民币，现在则动辄几千元，而且像这样完整的还非常少见，虽然它现在的价格不是很高，但它具有很典型的北朝时代特征，价格看涨。

◎专家点评

　　这种杯子的造型很有特点，它的壁口直且深，底足多为微外撇且内凹的高饼足，这种造型对我国隋唐时期的陶瓷制品有很深影响。而且北朝陶瓷的修胎很细，大多做抛光处理，施釉也全，在当时属于比较高档的一种陶瓷产品。

　　北朝时期是我国青瓷和白瓷工艺都得到迅猛发展的一个时期，也是陶瓷造型非常丰富的一个时期，后世许多经典陶瓷造型多源于此。像这种形制的小杯子，在隋唐时期陶瓷品种中也常出现，我们一般称之为深腹杯。它的器型很高雅，属于当时上流贵族所使用的器物，在北朝或隋早期，多为釉色米黄的低温釉陶或温度稍高一些的青釉瓷产品，后来随着白瓷工艺的不断发展，到隋唐后就慢慢被白瓷产品所取代。

"大河鉴宝"陶瓷鉴定专家／乔红涛

唐代　白瓷小杯

◎**藏品档案**

高 5.5 厘米，口径 6.5 厘米。

侈口，束腹，杯身一侧置贴花圆柄，平足微凹。
施釉到足，白色釉面开片，全品无残损。从型、
胎、釉、足几方面看，是典型唐代河南巩县窑白
瓷产品。

◎**市场参考**

唐代中国北方白瓷产量较大，所以出土、遗存也
较多，前些年收藏市场上对普通的唐代白瓷产品
不太重视。近几年随着古陶瓷研究与收藏的进步，
唐代白瓷已经成为许多有识之士眼中的宝贝，所
以价格也是一路攀升。目前收藏市场上这样的唐
代白瓷杯价格根据品相的好坏多在 1 万 ~3 万人
民币，但产品却已经越来越难以见到了。

◎**专家点评**

　　这件造型规整、小巧大气的唐代白瓷小杯只是唐代众多白瓷杯盏中的一种，单只
从河南巩县窑出土的唐代杯盏上看，造型就有许多种，河北邢窑也多有近似产品。不
过有意思的是，巩县窑产品上的装饰多以柄根部贴花为主，而邢窑产品则是在柄上做
造型的较多，所以熟悉唐代白瓷产品的藏家往往从型制上一眼就能区分出这两个北方
白瓷窑口的产品。

　　以目前我们了解的知识来看，唐代时饮茶已经非常普遍，所以在唐代的陶瓷产品
中有大量的茶具出现。杯、盏造型众多，白瓷以外，还有三彩、花釉、青瓷等等。唐
代南海沉船"黑石号"中也出现了一些茶具，如虹吸杯、执壶、花杯等等。由此可见
在唐代我国的陶瓷茶具已经售向海外，也就是说，当时世界上许多国家都已有了饮茶
的习惯。

"大河鉴宝"陶瓷鉴定专家 / 乔红涛

唐代 邢窑白瓷三足小炉

◎**藏品档案**

高 5.5 厘米，口径 3.3 厘米，品相完好。
做工精细规整，施釉到底足，底部露胎，胎
质洁白细腻，釉水肥厚，釉色是白中闪蓝，
并有细微流釉现象。从这件三足炉的工艺和
胎釉的特点上来看，应是我国唐代河北邢窑
产品。

◎**市场参考**

这件邢窑三足小炉的釉色、胎土及其做工和
品相的完美程度都非常好，现市场参考价约 2
万元人民币。

◎**专家点评**

　　邢窑是我国北方一个著名的窑口，窑址在今河北内丘、临城一带。邢窑产品发展
最为鼎盛的时期就是唐朝，尤其是邢窑白瓷，当时和南方的越州青瓷一起并称"南青
北白"，是我国北方白瓷窑口的一个杰出代表。唐代邢窑产品质量好且产量很大，深
受各阶层的欢迎。唐李肇在《国史补》中曾说，"内丘白瓷瓯，……天下无贵贱通用之"，
可见当时人们对邢窑产品的喜爱。

　　邢窑白瓷胎质坚实，细洁纯白，釉面光滑且釉色白中微闪青或闪蓝。唐代"茶圣"
陆羽曾评价邢窑白瓷"如银似雪"，可见其胎釉色泽之洁白。唐代邢窑产品种类和当
时的社会风气以及唐人的审美情趣紧密相关，多以小件器皿为主，以碗、盘、杯、盏、
执壶、香炉等型制为多。这和唐人爱茶与文人士子喜好焚香操琴有很大关联。所以唐
代邢窑的三足炉多为香炉或琴炉，体积不大，非常适合把玩与使用。

"大河鉴宝"陶瓷鉴定专家/乔红涛

北宋　定窑桃形粉盒

◎**藏品档案**

高7厘米，直径5厘米。

小圈足，釉色白中闪青，釉水稍薄，胎质细腻洁白，拉胎非常薄，可以透光。这件小果形粉盒虽尺寸不大，但制作非常精美，且无残损，可以算是定窑小件瓷器中比较有代表性的产品。

◎**市场参考**

在当前收藏市场上，一件晚唐白瓷粉盒多在万元左右，比较高档一些的邢窑与定窑产品，价格会更高一些。像这样具有一定造型的定窑产品价格当然也更高，应在2万元人民币左右。

◎**专家点评**

　　陶瓷粉盒在唐代较多见，多以白瓷为主，也有少部分黑釉瓷，在北方以巩县窑、邢窑和安阳相州窑出产较多。到晚唐五代后，定窑产品才渐渐取代邢窑，两宋时期就以定窑产品为主了。

　　北宋时期的定窑为当时中国五大名窑之一，产品质量很高。之所以说这件定窑粉盒较有特色，是因为1969年在河北定州的北宋静志寺、静众院塔基地宫出土的160余件瓷器中就有和此件桃形粉盒极类似的定窑粉盒。从已发现的大量唐宋陶瓷粉盒中残存的朱砂和描眉的黛色墨泥来看，可认为这样的粉盒多是当时贵族与大户人家妇女妆饰所用之物。

"大河鉴宝"陶瓷鉴定专家／乔红涛

宋代　临汝东沟窑钧瓷盘

◎藏品档案

口径 17.5 厘米，底径 6 厘米。

圈足内施满釉，天青圆足浅腹盘，并有浅铁色护胎釉；造型规整，制作精细，经鉴定为宋代临汝东沟窑钧瓷产品。

◎市场参考

这件藏品相完整，古朴典雅，清雅素洁，工艺精湛，存世量较少，市场估价约 15 万元人民币，今后升值空间较大。

◎专家点评

　　临汝东沟窑位于河南省临汝大峪乡东沟村东，发现于 20 世纪 50 年代，文化层厚约 2 米，面积 8000 平方米，1983 年被定为县级文物重点保护单位。临汝窑遍布于临汝境内，共发现 30 余处，有的规模较大，质量较高，产品也极丰富，与宫廷御用汝瓷有近似之处，但多注重装饰，属于民汝系。

　　从考古资料上看，临汝窑也烧造钧瓷，而钧台窑是宋钧官窑，也烧造汝青瓷。汝窑系烧造钧瓷，钧窑系烧造汝瓷，因此有"钧汝不分"之说。虽然有此种说法，但各窑仍保持着自己的传统工艺，同时创造着自己独特的风格。

"大河鉴宝"陶瓷鉴定专家／李卫国

宋代 龙泉莲纹碗

◎**藏品档案**

直径 14 厘米，高 7 厘米。

施青釉，釉水较薄，灰白胎，施釉到圈足。这件龙泉碗内外皆饰以细划莲花纹工艺，纹饰布局严整，画工精细，是一件比较典型的宋代早期龙泉窑产品。保存完好，无损伤。

◎**市场参考**

这件龙泉碗应是北宋时期产品，釉色青中偏灰，釉水较薄，开片明显。不过就其整体工艺而言，也算是一件很不错的藏品，当前市场参考价约 1 万元人民币。

◎**专家点评**

　　龙泉窑是我国南方继越窑之后最著名的一个窑口，因其产地位于浙江龙泉而名之。它创烧于汉末两晋时期，一直到清代为止，是我国陶瓷史上生产时间最长的一个窑口，也是我国南方最著名的窑口。

　　陶瓷收藏者说宋瓷一般都以北宋瓷为最，南宋时期稍差，但龙泉窑产品却不同。北宋以前的龙泉窑产品多受越窑影响，施釉薄且色泽青灰，南宋时期却是龙泉窑产品最兴盛与优秀的时期。这主要由于宋室南迁，北方大量优秀陶瓷工人也随之南迁，带来了许多当时先进的工艺与陶瓷制造方法，龙泉窑因之受益。受北方高档青瓷的影响，如汝窑、官窑，龙泉窑在釉水与釉色方面有了很大进步，出现了梅子青、粉青等高级釉色，施釉釉水也从薄到厚，从有开片到追求无开片、无气泡，温润如玉的境界。

"大河鉴宝"瓷器鉴定专家 / 乔红涛

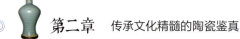
元代　天蓝釉钧窑碗

◎**藏品档案**

口径 18 厘米，底径 6.2 厘米，高 8 厘米。

这件元钧碗出自河南焦作的窑口。

◎**市场参考**

这件元钧碗，体型中等，釉色为钧瓷中最经典的天蓝釉色，
没有斑，品相不错。市场参考价约 2 万 ~3 万元人民币。

◎**专家点评**

　　钧窑是中国陶瓷五大名窑之一，其中宋钧制品最为珍贵，通常为宫廷使用器物。
元代以后，河南很多窑口仿烧钧窑，焦作、鹤壁、安阳都有仿烧。随着各地纷纷开始
烧制，钧窑也不再像以前那么神秘，逐渐走向民间。虽然产量增大，但因当时连年战乱，
钧窑烧制较为粗糙，因而在目前的市场上，宋钧、元钧的价格有很大差别。元钧的一
个特点是釉不过底，另外，因元代开始使用铁器作为修胎工具，碗底修胎时中间都会
留一肚脐眼状突起，行内俗称"乳头"，可作为元钧的一个辨别标志。

"大河鉴宝"陶瓷鉴定专家 / 李卫国

元代　磁州窑白底黑花盘

◎**藏品档案**

口径 18 厘米。

盘中有画工用老练娴熟的粗粗几笔绘就的一朵生动美丽的莲花。盘底有支烧痕，为元代禹县扒村窑产品。

◎**市场参考**

该盘品相较为完整，实属难得，市场参考价约 5000 元人民币。

◎**专家点评**

磁州窑是中国北方较大的民窑，当时主要烧制民间生活用品，其产品很受百姓欢迎。由于民窑不受官方约束，其制作工艺和绘画有着自己的特点。窑工的制作工艺和绘画水平若是娴熟老练，往往粗粗几笔就是一朵花，人物、动物都逼真生动。还有一些产品上有警世诗歌，教人们怎样做人做事，规范自己的道德标准。

磁州窑的瓷器，质地粗松，瓷土未经精选，烧制过程比较简单，在胎彩之间施一层洁白的化妆土，这也成了它最富特色的工艺之一。由于有化妆土衬在釉下，尽管胎体较粗，但釉面却平滑柔润，白釉洁白，黑花醒目，相互映衬，格外美观。

磁州窑烧制历史较长，唐时已经形成规模，鼎盛时期是宋、辽、金、元，跨越一千多年的历史。因其产品与人们生活息息相关，体现出自然质朴、生动活泼、不拘一格的风貌，所以兴盛不衰千余年。

"大河鉴宝"陶瓷鉴定专家 / 李卫国

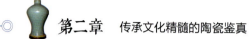
清中期 豆青釉刻花瓷盘

◎**藏品档案**

盘直径 25.6 厘米，底径 12.5 厘米，属中型盘。

◎**市场参考**

盘形规矩，刻花漂亮。市场参考价约 5000 元人民币。

◎**专家点评**

此藏品为清中期器物，盘身刻花为缠枝牡丹纹，为景德镇出品，无款。从盘底足的工艺来看，不是乾隆时期典型的泥鳅背、鲤鱼背，而是稍平，因此断为清嘉庆至道光时期器物。刻工流畅，缠枝牡丹纹舒卷怡然，非常漂亮。这种刻花大部分出自龙泉窑，景德镇的刻花盘比较少见。盘形也较规矩，但尺寸不够大盘，而且盘身有一道冲。

"大河鉴宝"陶瓷鉴定专家 / 李卫国

清代　青花山水茶杯盏

◎藏品档案

盏高 4.6 厘米，口径 7.5 厘米，托盘直径 12.1 厘米。

胎体较薄，杯、盏呈瓜棱形，均为葵形口，绘有青花山水，树木及河水用矾红绘制，房子又用金彩描绘，秀巧隽永。

◎市场参考

杯盏上的绘画雅致，青花、矾红加金并用，显得格外华丽秀巧，十足的文人风范。由于它保存十分完整，也是藏家们追逐的藏品，市场参考价约 6000 元人民币。

◎专家点评

  康熙时期青花瓷在造型、用彩绘画的效果等方面都达到了前所未有的高度。《陶雅》中说："世界之瓷，以吾华为最，吾华之瓷，以康雍为最。"康熙青花瓷成就最大，造型千变万化，工艺细致精巧，色调青翠欲滴，绘画手法工笔与写意并用。康熙皇帝在位61年，此期间烧造的瓷器也分早、中、晚三期。早期造型比较敦厚，瓷形变化不大，品种也少。中、晚期薄厚兼有，以薄为主，器型较多，变化多端，是我国瓷器历史上的一个高峰。

"大河鉴宝"陶瓷鉴定专家／李卫国

第三章
情寄于心的玉石鉴赏

第一节　寄情·玉石摆件

一、石雕·人

南朝　梁天监五年寿山石菩萨造像

◎**藏品档案**

高12厘米，长6厘米，宽2.2厘米。

材质为寿山芙蓉石，包浆润亮。菩萨造像为男相，左手抚膝，右手持念珠，跣足露趾，单跏趺坐于高高的巨瓣仰莲座上。身穿长方格纹敞口交领通肩式大衣，头戴巾冠，长圆脸型，广额丰颐，高鼻通额，厚唇小口，弯眉大眼，双目炯炯有神，容貌端庄清秀，神情平静温雅。整座造像刀工犀利，线条流畅，形象传神。莲座背面自右向左竖行阴刻楷书"梁天监五年春王正月尚书臣徐勉造像"，共16字，清楚地交代了造像的具体时间及造像人。"天监"是南朝梁武帝萧衍的年号，"天监五年"即公元506年，距今已有1509年。

◎**市场参考**

寿山石雕像性软易毁，难以保存，这尊年代久远的寿山石菩萨造像能够幸免于难，保存下来，实属不易。尤为可贵的是带有确切的纪年铭文，具有标准器的性质，存世十分罕见。因而具有很高的历史、文物与收藏价值。其市场参考价约20万元。

◎专家点评

　　南北朝（420—589年）时期政权更迭频繁、战乱频仍，且经过北魏太武帝拓跋焘和北周武帝宇文邕两次大规模灭佛运动，佛造像惨遭毁灭，所剩无几。因此，幸存至今的南北朝佛造像极其稀少，带有确切纪年铭文的更是凤毛麟角，可谓件件皆珍。

　　凡带有确切纪年铭文的文物都十分珍贵，它可以作为标准器物用以判断同时期的其他同类器物的年代及真伪，因此，这些器物具有很高的历史、文物与收藏价值。我国早期的菩萨雕像多为带有胡子的男相或不男不女相（面相为男性，身躯为女性），并一直延续到初唐。到了盛唐，才变为没有胡子的柔美女性形象。这尊南朝菩萨造像不仅带有确切的纪年铭文，而且具体地展示了我国早期菩萨造像的真实面貌，清楚地揭示了我国菩萨造像由最初的男相到盛唐始变为女相的发展演变轨迹，同时还是我国最早于南北朝时期已开发利用寿山石的确凿物证。

"大河鉴宝"玉器及杂项鉴定专家 / 张保龙

盛唐 石雕菩萨造像

◎**藏品档案**

这尊石雕菩萨造像的头和双臂均已缺失，残高60厘米。

◎**市场参考**

这尊石雕菩萨造像充分展示出盛唐菩萨造像的柔美身姿及高超的造像艺术，堪称"东方之维纳斯"。具有很高的艺术观赏性和重要的文物科研价值，应属国家馆藏级古代艺术珍品，其价值是无法用具体的金钱数字来衡量的。

◎**专家点评**

菩萨丰胸细腰，凸腹肥臀，身躯丰腴修长，跣足立于仰莲座上（莲座原本为束腰仰覆莲座，下层覆莲部分已缺失）。上体祖裸，双肩上各保留有一绺原本从耳鬓处垂下的打了一个卷儿的发梢。颈饰双重宝珠项圈，项圈下方正中吊有一串垂于胸口的四颗大珠，两侧各有一道垂弧状的绞丝绳与项圈缀联。胸前披戴长及膝盖的璎珞宝珠，璎珞从双乳处向下相交于肚脐处的珠结宝仙花交点，穿过交点后分开向左右两侧垂下，垂下后又向上提起。璎珞宝珠以双排小珠和单颗大珠交替进行的方式穿缀而成，每隔五颗双排小珠便穿缀一枚单颗大珠，累累珠粒排列有序，又富于变化。佩饰珠圆玉润，华贵而典雅。菩萨胸腹间饰以帔帛，帔帛从左臂绕过，至双膝提起（绕于左腕后下垂）。下着长裙，"U"形阳纹裙褶宛如弯垂的软绳，自然流畅，立体感很强。裙衣轻软薄透，紧贴双腿垂至足面，隐隐现出肌肤的丰满与弹性，颇具"曹衣出水"之风韵。整尊雕像体态丰盈，腰肢扭动，显现出女性特有的柔美之姿。虽为冰冷的石雕残躯，却洋溢着旺盛的青春活力，散发出迷人的艺术魅力，令人心灵震颤，为工匠高超精湛的雕刻技艺而叹服。

菩萨，意为"觉有情"，泛指天国中阶次低于佛的诸神。早期传入中国的菩萨像是带胡子的"善男"形象，之后逐渐吸收了中国传统文化观念和艺术表现手法，南北朝始见女相观音菩萨。唐代受武则天崇信佛教的影响，菩萨像进一步女性化。我国唐代之前的石雕菩萨立像基本上是严严正正的正面立像，姿势僵直呆板，缺乏曲线与柔美。从初唐开始，石雕菩萨立像的身姿渐趋向女性转变。进入盛唐，石雕菩萨立像彻底改变前代的僵直呆板的身姿，而以"S"形的柔美身姿取而代之。这种变化，大胆地展示了蓬勃的生命力和人体的美感，符合人类对美的形象认知，是对佛教造像艺术的一种创新，可谓彪炳千秋，影响深远。

"大河鉴宝"玉器及杂项鉴定专家／张保龙

唐代 反弹琵琶伎乐天石雕像

◎ **藏品档案**

雕像长8.5厘米,宽6.3厘米,高8厘米。用美丽稀少的雪花石精雕而成,生坑,通体有大面积锈蚀形成的土锈灰皮。

◎ **市场参考**

这尊唐代"反弹琵琶伎乐天"雕像,到目前为止尚属仅见品,具有特殊的文化内涵和绝对的珍稀性。市场参考价约10万元人民币。

◎ **专家点评**

伎乐天发髻后挽,两耳垂肩,脸如满月,广额大眼,细鼻樱唇;体态丰腴,丰胸肥臀,手臂粗肥,双腕戴镯,指如削葱;身穿交领束腰广袖带花长裙,腰系打结长带,双腿盘坐,双手持琵琶置于脑后作反手弹奏之状。其形象雍容大方,神态从容镇定,形象地展示出盛唐乐伎"反弹琵琶"的惊人绝技,以及大唐歌舞的繁盛场景。整尊雕像雕刻精细,琢磨光润,形神俱佳。

伎乐天是佛教中的香音之神,在敦煌壁画中亦指天宫奏乐的乐伎。反弹琵琶伎乐天的形象见于敦煌莫高窟壁画《伎乐图》之中,其以惊人的弹奏绝技和优雅迷人的舞姿,成为敦煌莫高窟壁画中最经典的艺术造型之一,是中国大唐古丝绸之路上一个璀璨而永恒的文化艺术符号。然而,令人遗憾的是,反弹琵琶伎乐天这一艺术形象在古代其他门类的造型艺术,诸如陶塑、瓷塑、石雕、玉雕、竹雕、木雕、牙雕、角雕当中,均极其难觅。

"大河鉴宝"玉器及杂项鉴定专家／张保龙

清代中期 青田石圆雕童子拜观音摆件

◎藏品档案

高20.8厘米,长11.5厘米,宽6.5厘米。
材质为青田石,质地细腻,温润如玉,包浆润亮,色泽古雅。
上面人物部分选用淡黄色封门青精心雕琢而成,下面配
紫红色红木冻双层仰覆莲座,色彩对比鲜明,相得益彰。
题材为童子拜观音。

◎市场参考

质佳艺绝,形象传神,寓意深刻,品相完美,市场参考
价约3万元人民币。

◎专家点评

　　观音身材修长,衣裙飘举,头戴风帽,面容慈
祥,左手执杨柳,右手持净瓶,静静地俯视善财童
子,欲为其讲解法之因缘。善财童子身材矮小,光
身赤脚,胸戴肚兜,双手合掌,仰视观音,虔诚参拜,
虚心求教之态毕现。二者在外形上一高一矮,一大
一小,一静一动,构成鲜明对比,在心灵与神情方面则暗相呼应,浑然一体。

　　人物雕像难在立体圆雕,因为圆雕作品不像平面浮雕或线刻作品,只需准确把握
好一个观赏角度即可,而是要求从任何角度观赏均要比例准确无误,造型完美无瑕。
人物雕像贵在以形传神,没有神韵,形象便没了灵魂。这尊童子拜观音雕像比例准确,
雕技精湛,变换任何角度欣赏,均逼真而完美。尤为可贵的是人物形象刻画细腻,表
情生动传神,达到了形神兼备的艺术效果,堪称清代中期印石雕像的艺术杰作。

　　"童子拜观音"的佛学典故流传广泛,也是我国古代玉、石、竹、木等雕刻领域
的传统题材。这尊童子拜观音雕像不仅具有很高的艺术欣赏价值和美学价值,而且寓
意深刻,启人心智。因此,此器物具有较高的收藏价值和升值潜力。

"大河鉴宝"玉器及杂项鉴定专家 / 张保龙

清代中期 橘皮黄田黄冻渔童摆件

◎藏品档案

高 3.5 厘米，重 35 克。

◎市场参考

这块田黄冻渔童摆件色浓质灵，雕琢精细，
形象生动，观赏性强，十分珍贵。市场参
考价约 35 万元人民币。

◎专家点评

　　田黄石是我国独一无二的、值得国人骄傲的极为珍稀的彩色软宝石，只有福州市寿山村大约两平方千米的水田底下有少量出产，其珍稀名贵程度甚至可以同钻石、红蓝宝石相比肩，自古至今号称"石帝"。

　　田黄石是寿山石中最为珍稀的石种，它吸收了天地之灵气，日月之精华，兼具质地细腻、温润、凝灵、柔嫩、脂腻、宝光流溢等石之美德。田黄石天生丽质，石内往往生有美丽的金黄色的"萝卜丝纹"和红如血丝的"红筋格"，具有无比高雅的观赏性和迷人风采。它产于福州市北郊寿山村的水田之中，具有"福"（幸福）、"寿"（长寿）、"田"（财富）的吉祥寓意，人们认为拥有田黄石，可以祛灾纳福，招财延寿。自清代至今，田黄石的魅力与日俱增，愈来愈成为人们全力寻觅的至珍之宝。其市场价格，也从清代的"一两田黄一两金"、民国的"一两田黄三两金"，飙升到如今的"一两田黄十两金"。质地上乘的清代老田黄，其市场价早已达到甚至超过了每克1万元。

　　田黄石按其色泽可分为田黄、红田、白田和黑田，其中田黄为大宗。田黄又分为橘皮黄、黄金黄、枇杷黄、桂花黄、鸡油黄、熟栗黄、肥皂黄、桐油地等，其中橘皮黄和黄金黄最为名贵。"田黄石中有称'田黄冻'者（矿物成分为珍珠陶石），是一种极度通灵澄澈的灵石，色如鲜蛋黄，产于中坂，十分稀罕，历史上列为贡品。"（陈

石《鉴识寿山石》）

　　这块田黄冻渔童摆件的原料因在水田下面"沉睡"时间极其久远,已经完全"熟透",色内外一致,呈深浓的橘皮黄色,石质温润凝腻,内含橘囊状萝卜纹及水流纹,通灵欲化,流光溢彩。渔童捕鱼的形象,雕琢精细,生动传神,饶有趣味,具有典型的清中期福州风格,是一件融天然神奇造化与巧妙人工为一体的艺术珍品,极为难得。

"大河鉴宝"玉器及杂项鉴定专家 / 张保龙

二、石雕·物

南北朝　石雕瑞兽獬豸

◎**藏品档案**

长 18 厘米，宽 9.2 厘米，通高 14 厘米。

这尊石雕獬豸（xiè zhì）系用黑色大理石圆雕技法精心雕琢而成。石质细腻，包浆厚重，色泽黑亮。下方雕成长方形台座，座上雕连体獬豸。

◎**市场参考**

这尊石雕獬豸当属南北朝时期官府衙堂内供奉的断案神兽，具有"伸张正义""震慑邪恶"的独特文化内涵，存世十分稀少。其造型生动威猛，具有很高的艺术观赏和文物收藏价值。市场参考价约 10 万元人民币。

◎**专家点评**

　　獬豸匍匐于地，后脚屈蹲，前爪伸出，整体呈俯冲姿势。前肢饰卷云纹，后腿饰火焰纹，长尾贴臀，尾稍歧出，独角朝天，头部右昂，眉框凌厉，突目圆睁，逼视前方，大有蓄势待发、瞬间跃起，给予敌人致命一击之势。其体格雄健舒展，形象生动威猛，造型充满动感与张力。该作品艺术造诣甚高，堪称南北朝时期石雕瑞兽的杰作。

　　獬豸，俗称"独角兽"，是中国古代传说中的灵异瑞兽。据记载，獬豸性情忠直，能帮助法官决狱断案，辨奸除恶，又名"任法兽"，是光明正大、秉公执法的象征，同时还能辅佐皇帝治国安邦。

由于獬豸具有辨奸除恶的神异功能，所以，它从诞生之日起，便与"法"结下了不解之缘，成为法律与正义的化身，受到历朝历代的追捧。从东汉起，衙门里供奉獬豸图已成定例，以示明辨是非、执法公正，且含有震慑邪恶的意思。这种惯例一直延续下来，明代风宪官（即督察官）及清代的御史和按察使等监察、司法官员也一律穿绣有"獬豸"图案的补服。清宫太和殿、中和殿、养心殿及乾清宫中的宝座两侧均陈设有獬豸，意在让其佐君安邦。

"大河鉴宝"玉器及杂项鉴定专家 / 张保龙

唐代 汉白玉石狮

◎ **藏品档案**

高 27 厘米。

生坑，汉白玉材质，质地白细纯净，状貌古旧沧桑，通体有大面积土蚀斑点和类似水银古的灰黑色物质残留，口中、眼窝、底部线槽、面部轮廓线条及鬃毛线条处残留尤多。

◎ **市场参考**

唐代是中华石狮雕刻艺术的巅峰时期，唐狮是中华石狮艺术作品的杰出代表，出神入化的雕刻技艺令后世无法企及。这尊汉白玉唐狮是唐代石狮中的精工之作和代表性作品，存世稀少，弥足珍贵，艺术观赏价值及文物、收藏价值极高，且体量大小适中，更适合厅堂与案头陈设观赏。市场参考价约 100 万元人民币。

◎ **专家点评**

　　门前摆放石狮子，具有增添威仪、镇宅辟邪、招福纳瑞之功用。因而，中华石狮自东汉产生至今，一直深受国人的喜爱。唐代是中华石狮雕刻艺术发展的鼎盛时期，唐代石狮形象生动，气势非凡，极富神韵，雕刻水平高超，因而成为中华石狮艺术的杰出代表。

该石狮面目威严，体格雄健，神态威猛，气势非凡，迸发出大唐盛世雄姿勃发、昂扬向上的时代精神，属于唐代石狮中精雕细刻的代表性作品。石狮全身光素，昂首挺胸，蹲坐于长方形台座之上。两耳后抿，双目暴突，鼻梁高挺，阔口锐牙，张嘴怒吼，气焰逼人。脸的两侧有月牙形圈脸毛，下巴垂一绺颔毛，末端卷曲。头颈处螺旋状鬣毛束束垂卷，细腻逼真，层次分明，丝丝有序；胸肌宽厚发达，肌肉壮实饱满，前腿粗壮挺拔，筋爪强健有力。整座雕像尽显唐狮特有的神韵和非凡的气势，展现出唐狮雕刻以形传神、注重神韵气势的绝技。

纵观中华石狮雕刻艺术的发展轨迹，其神貌和功用在不同历史时期各不相同，时代特征鲜明。汉至南北朝时期的石狮通常身带双翅及火焰纹或卷云纹，体量庞大、气势宏伟，属于神幻狮，用以象征和体现超凡的威力。唐代石狮肌肉壮实饱满，筋爪强健有力，神貌雄强威猛，气焰咄咄逼人，全身光素，毫无羁绊，属于自由狮，用以镇守辟邪。宋代石狮，走狮徐步缓行，蹲狮则乖顺躬从，身上明显多了项圈、锁链及缨铃等装饰，属于比较驯化的羁绊狮，用于护卫守门。明清时期的石狮，尤其是清代石狮，形象臃肿，神情呆滞，装饰繁复，俗不可耐，缺乏艺术性，有的甚至犹如哈巴狗，精巧驯服，纯属一种吉祥装饰而已。

"大河鉴宝"玉器及杂项鉴定专家/张保龙

明代　万历三十八年款满浮雕穿花龙纹鼎式石香炉

◎**藏品档案**

高 23.5 厘米，炉口外径 20.5 厘米，腹径 28 厘米。

这尊石香炉为青石材质，仿两耳圆腹三足的青铜鼎造型。两耳为长方形，耳内各圆雕一个外探的龙首。圆腹，三熊首足。口沿外围雕一周莲瓣纹，下面是一圈连珠纹和一圈双弦纹。

◎**市场参考**

凡带有纪年铭文的古器物均珍贵，因为它可以作为"标准器"，去衡量判断其他同类器物，并据以断代。这尊石香炉不仅工艺精湛，纹饰精美，具有很高的陈设观赏与收藏价值，尤为可贵的是带有确切的纪年款、地名款、供奉人姓名以及匠人名款，一炉铭刻四款，是一件弥足珍贵的明晚期石香炉的"标准器"。它对于研究明代香炉的造型、明代龙纹、香炉纹饰以及佛供地域文化等均具有重要的文物参照判断价值。市场参考价约 20 万元人民币。

◎**专家点评**

　　香能洁身除秽、养生通神，中国自古就有焚香祭祖、香身熏衣的习俗。香炉乃焚香之器，亦可作陈列之用。"惟博山炉，乃汉太子宫所用者，香炉之制始于此"，又，东汉时，佛教、道教在中国传播盛行，且又有祭祀之需，"香炉"便应运而生。最早流行的是"鼎式炉"，随着时代的变迁，历代的香炉在造型与材质上亦千变万化，各具特色。

此炉一耳外侧两边竖行分刻阴文楷书年款"万历三十八年""三月十五日立"（"万"字上部及"三月"之"三"字有残）；另一耳外侧两边竖行分刻阴文楷书供奉人名款"香炉孙守印""弟孙守得"。香炉外底自右向左横行阴刻楷书地名"村杨西社"及竖行匠人名款"石匠宋志立"。

炉身两面均满浮雕明代盛行的穿花龙纹饰，纹饰空白处则浅浅地雕出细密的线条作为底纹。炉身的一面浮雕穿牡丹龙纹，龙扁首长喙，圆睛利齿，昂首仰视，须发上冲，细颈屈身，姿态矫健，身披飘带，张牙舞爪，穿行于牡丹花丛之中；另一面则浮雕穿莲花龙纹。两龙形象均刻画得生动饱满，气势非凡，动感强烈。所雕牡丹、莲花则枝繁叶茂，花瓣饱满，层次分明，叶脉清晰。纹饰之精美，雕工之精湛，打磨之精细，堪与古代玉雕相媲美。

"大河鉴宝"玉器及杂项鉴定专家/张保龙

第二节　怡情·玉石佩饰

一、备受喜爱的白玉佩饰

金代　海东青啄天鹅白玉佩

◎**藏品档案**

直径 3.6 厘米，厚 0.6 厘米。

玉佩整体作圆环造型，雕刻者综合运用镂空雕、立体雕、阴线刻及磨光等技法，在圆环之内精心琢制出海东青啄击天鹅的生动形象。

◎**市场参考**

此玉佩质美工精，具有典型的时代风格和鲜明的民族特色。市场参考价约 6 万元人民币。

◎**专家点评**

　　这是一件金代的玉佩，依据其题材内容，应称之为"春水玉"。玉质接近羊脂白玉，润腻如脂，纯白无瑕，包浆莹润，几乎无沁。体小矫健的海东青用锐利的双爪紧紧抓住天鹅的头颅，用强劲有力的尾羽挤压控制其脖颈，同时用尖利的勾喙猛啄天鹅的脑门。遭到突然袭击的天鹅惊恐失措，已丧失飞行能力，引颈伸头，完全陷入挨打待毙的局面。雕刻者以写实的手法，通过大小强弱的鲜明对比，充分彰显了海东青以小搏大、勇猛无畏的精神面貌，给人以心灵的震撼。

海东青是一种小而敏捷的猛禽，它疾飞如闪电，能从高空俯冲至陆地草丛中捕杀比其大数倍的天鹅和大雁。海东青与女真人的游猎生活密切相关，在女真人眼中，海东青不仅象征着以小搏大、勇猛无畏的民族精神，并且具有一定的图腾性质。据《辽史》和《金史》记载，辽金时代的皇族每到春秋时节，便有携带海东青外出捕捉天鹅、大雁，围猎山林群鹿的活动，春天的狩猎称为"春水"或"春捺钵"，秋天的狩猎叫作"秋山"或"秋捺钵"，以鹘攫天鹅、虎鹿山林为题材的玉器分别称为"春水玉"和"秋山玉"。

春水玉和秋山玉，以其典型的时代风格和鲜明的民族特色，为中国玉文化增添了一抹亮丽的色彩，堪称我国古玉器中的瑰宝，一直深受古玉收藏家的喜爱，极具收藏价值和升值潜力。

"大河鉴宝"玉器及杂项鉴定专家／张保龙

明代　和田白玉飞天佩

◎**藏品档案**

长 5 厘米，高 2.6 厘米，厚 0.2 厘米。

片状。玉材为和田高白籽玉，质地莹洁纯净，润如凝脂。

◎**市场参考**

这件白玉飞天佩，玉质佳美，雕琢精细光润，造型生动，颇具动感，文化内涵丰厚，存世稀少。市场参考价约 8 万元人民币。

◎**专家点评**

　　这件玉佩为传世品，由于玉质甚佳，通体几乎无沁，整体采用单面透雕和线刻工艺琢制而成。飞天作女性形象，头梳盘髻，面容丰满，眉目清秀，表情虔诚。上身着紧身衣，下着米字纹长裙，肩披绕身彩带，并于胸下系一彩结。双腕戴镯，手捧供果，昂首侧身凌空飞翔，体态轻盈婀娜，裙带迎风飘舞，动感十分强烈，属明代玉飞天的上乘之作。玉飞天作为宗教玉器，一般认为是佛教徒佩带用来避邪，或在"行佛"仪式中用作发饰或耳饰。存世较少，价值不菲。

　　飞天的形象来自印度。飞天是佛教中天帝司乐之神，以香为食，不近酒肉，每当天上佛会之时，飞天便凌空飞舞，奏乐散花，故又称香神、乐神或香音神。玉飞天始于唐代，盛行于唐宋时期。与西方的仙女形象以身生双翅表现飞翔不同，我国古代仅以下衬祥云、飘带飞舞的技法来表现飞天凌空飞舞的形象，但同样充满优雅轻灵的动感，艺术手法可谓含蓄而巧妙。

由于不同历史时期宗教文化及艺术审美的差异性，不同时期的玉飞天形象也就具有各不相同的时代特征。择要言之，唐代玉飞天多做扁平镂雕法，双面工，两面形象相同；以少女面孔为常见，脸形、体态均较丰满；椎髻高盘，上身裸露，下着长裙，交腿赤足，呈正面侧身前飞状；身下依托（锯齿边）卷首长尾云朵，舒展自如，浪漫飘逸。宋代玉飞天有圆雕，多为童子形象；额留发髻，八字眉，大眼；穿交领上衣，着肥腿裤，也有飘带环身，但大多不再依托祥云。辽代玉飞天形象，头上皆戴冠，几乎全为胡人装束，服饰风格保守。明代玉飞天多用上等玉料做成薄片，亦作侧身飞舞状，身着明式长裙，裙上常见米字纹，飘带多有如意结。清代玉飞天一般以圆雕侧身像为主，昂首伸臂，双手交捧宝物或花朵，衣饰繁复，身形俯卧，双足交叠上抬，如水中游姿，所依云朵较唐代浑圆。

"大河鉴宝"玉器及杂项鉴定专家 / 张保龙

清代　和田白籽玉绞丝纹手镯

◎**藏品档案**

镯外径 8 厘米，内径 5.6 厘米，总重 61 克。

两只玉镯系用一整块和田白籽玉剖解、琢制而成，为原配一对。两只玉镯原为出土物，出土后又经人佩戴。如今从绞丝纹低凹处所残留的类似水银古的黑灰色沁，仍能看出它们曾经的生坑特征。

◎**市场参考**

质美工精，雕技高超，原配一对，稀少难得。市场参考价约 30 万元人民币。

◎**专家点评**

　　这对原配玉镯有四点珍贵之处：其一，选料优良，玉质细白脂润，纯洁无瑕，玉色白而均匀，光泽柔和悦目。其二，工艺难度高、劳动量大。绞丝纹又称绳纹或扭丝纹，早在良渚文化玉镯上面已经出现，春秋战国时期尤为盛行，但那时几乎均用斜阴线琢刻，工艺难度并不太大。这对玉镯雕琢出的却是阳线绞丝纹，工艺难度及所费工时均远高于制作光面或阴线玉镯。琢制阳线绞丝纹不仅需要事先对每一束纹饰计算精准、分配停匀，而且需要运用特殊的斜琢工艺，后期抛光也费时费工，殊为不易。其三，所琢绞丝纹，形如扭曲的束丝，酷似扭成的麻花，精细光润，生动流畅，立体感强，很有观赏性。其四，两只玉镯为原配一对，其质地、色泽、大小、轻重及纹饰几乎完全一致，非常难得。

"大河鉴宝"玉器及杂项鉴定专家／张保龙

二、存世稀少的战国玛瑙

春秋战国 玛瑙环

图一

图二

图三

◎**藏品档案**

图一，战国红缟玛瑙环。

外径5.5厘米，内径4.6厘米，肉宽0.9厘米，厚0.5厘米。材质稀有名贵，色调纯正，如火似霞，浓艳而绚丽，整个色调洋溢着喜庆、热烈与富贵之气，是战国玛瑙环中的佼佼者。

图二，战国影子玛瑙环。

外径10.6厘米，内径9厘米，肉宽1.6厘米，厚1.5厘米。个头硕大，质地精纯，晶莹剔透。冰糖地中形成的浓淡相宜的铁锈红花纹似娇花溶水，红霞散空，极为悦目；又如行云流水，清晰美妙，变化无穷，引人遐想。

图三，战国水草玛瑙环。

外径4.3厘米，内径3.3厘米，肉宽1厘米，厚0.5厘米。地子碧绿润透，其中有一丛丛、一片片美丽的纹样，犹如在碧水中荡漾着的茂盛而纤美的水草，或红或白，或聚或散，神奇而美丽。

◎**市场参考**

图一战国红缟玛瑙环目前市场参考价约12万元人民币。

图二战国影子玛瑙环属于战国玛瑙环中的上品，目前市场参考价约6万元人民币。

图三战国水草玛瑙环是战国玛瑙环中的奇品，目前市场参考价约3万元人民币。

◎专家点评

　　古人以玛瑙材质制作的环、玦、璜等佩饰，最早出现于史前文化时期。之后的殷商与西周时期，玛瑙佩饰几乎不见踪影（仅见有玛瑙珠、玛瑙管）。但接着，玛瑙佩饰便以近乎爆发般的速度大量流行于东周时期各国诸侯与贵族之间，一时成为该时期的财富象征。在盛行五百年之后，玛瑙佩饰又骤然绝迹于秦朝时期。春秋战国玛瑙佩饰在历史的长河中虽属昙花一现，但毕竟丰富了我国古代玉组佩的玉材种类，增添了当今收藏界的门类，为我国古代博大精深的玉文化和当今丰富多彩的收藏文化增添了一抹亮色。

　　我国古代的玛瑙环，原本并不是一种专供人们单独佩戴的玉饰，而仅仅是东周时期玉组佩中的一个构件而已。历年考古发现、国家馆藏文物、古代史书及有关资料记载证明，我国西周时期，等级制度森严，用玉制度严格，玉组佩中的主要构件如璜、牌、人物、玦、环、觿等基本上均为玉质，而未见有玛瑙材质的。玛瑙当时只能以珠、管的形式作为小构件出现在玉组佩之中。进入东周时期，"礼崩乐坏"，用玉制度日渐松弛，对玉材的要求随之放宽，玉组佩的主要构件中才出现了玛瑙环。

　　五到六年前，国内古玩市场上的春秋战国玛瑙环尚属不被人看重的普通小玩意儿，亦无人热衷于收藏它。但近二到三年以来，人们逐渐对晶莹剔透、工艺精湛的春秋战国玛瑙环产生喜爱之情。其价格也迅速从几十元至上百元一枚飙升至数千元到上万元一枚，品相完美的红缟环甚至达到几万元一枚。受巨大经济利益的驱使，造假行为也随之而来。就目前古玩市场上出售春秋战国玛瑙环的状况来看，真可谓是鱼龙混杂。以下就如何鉴赏春秋战国玛瑙环谈两个关键性问题，以供参考。

　　首先谈谈如何评判春秋战国玛瑙环的优劣高下问题。目前在古玩收藏圈内，评判春秋战国玛瑙环较为公认的有三大标准，即两度、三型、五品。

　　"两度"指的是玛瑙环的正面达到的圆度和侧面具有的厚度。正视越圆越好，侧观越厚越好。这两点对于三才环（图四，俗称"飞碟环"，是战国时期玛瑙环的造型之一。因玛瑙环表面及内外侧被琢出三个平面，每面各代表"天""地""人"并象征着三者的和谐统一，故名。三才环多发现于齐、晋、燕、赵及陕北等地）的评级尤为重要。其厚度远大于肉宽者为精品，其厚度大于肉宽者为上品，厚度与宽度大致相等的为中品，厚度小于宽度、形体轻薄者为下品。

"三型"指的是春秋战国玛瑙环中的三才环、平台环（图五，俗称"车轮环"）及小平台环（图六）三种造型。三才环的评判见上面"两度"中的有关论述。平台环是春秋战国时期玛瑙环的一个特色品种，其中厚度超常并大于肉宽者，称为高台环（图七）；厚度超薄者，名为璧型环（图八）。高台环中内圈呈平面而没有凸棱的，一般

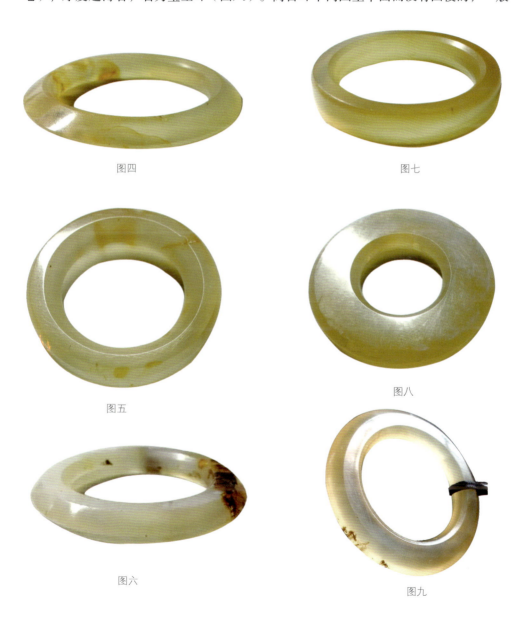

图四

图七

图五

图八

图六

图九

尺寸较大并成对出现，尤为珍罕。所谓"小平台"，并非小尺寸的平台环，而是介于三才环和平台环之间的一种过渡型的环。其中厚度较大、制作精美、用料考究者，属三晋地区特有，俗称"晋系小平台"，为中品。晋系小平台中有一类外缘磨边的造型，俗称"七线环"（图九），为晋系小平台中的上品。晋系小平台中形体扁平轻薄、平台与斜面分界线交代不清或琢磨不够犀利的六线环，为下品。

"五品"指的是一彩、二纯、三僵、四绺、五裂，说的都是玛瑙环的质地。凡带缟、彩色的为上品，质地精纯者为中上品，带僵皮、石性重者为中品，料中带天然绺裂者为中下品，残缺、断裂者属于下品。

其次，谈谈如何鉴别玛瑙环的新老。鉴别玛瑙环的新老的方法有三点。

第一看光泽。不论什么材质，什么形制的春秋战国玛瑙环，经过当时特有的工艺打磨和两千多年的土蚀和岁月的浸染氧化，表面都会有一种仿佛由内发出的柔亮悦目的光泽。如果光泽是浮于表面的刺人眼目的贼光，则必是赝品。

第二观磨痕，即观察打磨痕迹。要从玛瑙环的里缘、平台、斜坡和外缘四个方面细细察看。如果打磨痕迹为不规则的短斜线（有时会有交叉现象，是当时的打磨工艺所致），应是真品。如果出现的是长线条，且线条边缘出现崩口现象者，应是仿品。

第三辨沁色。这一点仅是鉴别的辅助条件而非必要条件。春秋战国玛瑙环表面多呈现为灰皮，即使质地再好，品相再完美，也多少会出现细微的甚至是严重的土沁，即土咬痕迹。否则，就可能是新仿品了。

这三枚玛瑙环均为战国玛瑙环，光泽柔亮而悦目，工艺精湛，风格犀利，制作精美，品相完好。从造型上看，较为单一，均属三才环，但从质、色与纹理方面看，却是丰富多彩，各领风骚，可圈可点。

"大河鉴宝"玉器及杂项鉴定专家/张保龙

第四章
墨香飘散的名家书画赏析

第一节 | **书法赏析**

一、卷轴

清代　道光状元林鸿年行书轴

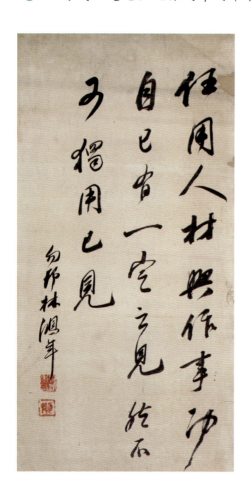

◎ **藏品档案**

尺幅：68 厘米 ×36 厘米。

书法行书，摘录金庸斋《居官必览》之句 "任用人材，兴作事功，自己有一定之见，然不可独用己见"，署款 "勿邨林鸿年"，钤印 "林鸿年印" 白文和 "勿邨" 朱文。

◎ **市场参考**

清朝入主中原立国至灭亡共 267 年，共开进士科 114 次，考中状元 114 名，平均两三年才出一位状元，可知考中状元是极大的荣幸。状元多擅长书法，林鸿年不但能书法，且是属于更具书法性的人。清中晚期一般进士的书法，可以达每平尺 6000 至上万元，状元书法则是一般进士书法的数倍。林鸿年此幅行书两平尺多一点儿，若按每平尺 3 万 ~4 万元计价，此幅的市场价约 7 万 ~8 万元人民币。

◎**专家点评**

　　林鸿年（1804—1886年）字勿邨，福建侯官（今福建福州）人。道光十六年（1836年），太后六旬大寿，开丙申恩科，林鸿年夺天下之魁，殿试高中状元。清制有"修撰"一职，为状元专属，自然林鸿年中状元后授翰林院修撰。道光二十年（1840年）出任山东乡试副主考官。后历官琼州、广州等地知府。同治三年（1864年）由云南布政使迁云南巡抚。参与镇压太平天国，五年（1866年）以"畏寇逗留"革职回里，受聘正谊书院山长，参与审校《福建通志》并亲作序言。光绪三年（1877年）特赏三品卿衔。

　　林鸿年书法取势右上，是拟的东坡居士之法，字形平扁，而字中有偏旁者则相应拉开距离，这时再回味黄山谷戏评东坡居士书法若"石压蛤蟆"，实在是较为形象者也。书家信笔挥洒，点画似乎照样精到，虽是偃锋运笔，然而其锋能正，笔势纹丝不乱。不是高明的作书老手，写东坡居士书法断然难以达到如此高的水准。而逸笔余兴，淋漓挥洒，更得东坡居士遗韵，书家似乎把自己的精神人格也融入到了书法之中。状元诗文修养的"字外功夫"在此幅书中时有显现，这也是有目共睹的。

　　《宋元明清书画家辞典》收录有清朝状元42人，林鸿年也在列。《中国美术家人名辞典》（增补本）和《中国状元全传》称其书法"落笔精整瘦劲，如苍翠欲滴"。

"大河鉴宝"书画鉴定专家／于建华

清代　光绪壬辰翰林田智枚行书轴

◎藏品档案

尺幅：101 厘米 ×29 厘米。

书法行书，录有一首"宋四家"之一蔡襄的七言绝句《梦中》。

◎市场参考

田智枚赐进士出身头衔，颇享荣光。亦曾官至学政，更重要的是"以书法闻名"，如今南北拍卖市场皆有其书法作品投拍，一般情况下，行书作品可以拍至每平尺 8000 元至 1 万元，此幅不到 3 平尺，市场参考价应在 2.8 万 ~3 万元之间。

◎**专家点评**

　　田智枚此幅行书书法录有一首"宋四家"之一蔡襄（另三家为苏轼、黄庭坚、米芾）的《梦中》七言绝句，云：

　　天际乌云含雨重，楼前红日照山明。

　　嵩阳居士今何在？青眼看人万里情。

　　落名"田智枚"穷款，钤印"介臣田智枚印"白文和"壬辰翰林"朱文，引首"闲云野雀"白文。"壬辰"是光绪十八年（1892年），田智枚中进士，赐"进士出身"。

　　田智枚虽不拘蔡襄的诗作风格，但其书法的用笔和取势却多蔡襄的面貌。整幅看上去工整、秀丽，笔笔中锋，字法谨严，处处精丽，力追平和蕴藉的风致。书中偶或的几笔横画长笔，多少有些黄庭坚和文徵明的影子，为书幅增添了些许放逸洒脱之气，这倒是与书家引首钤印的"闲云野雀"相符。

　　田智枚生于同治元年（1862年），卒于民国十年（1921年），字介臣，号简轩，山东潍县（今山东潍坊）人。他中进士后选庶吉士，后授翰林院编修，曾任云南乡试主考官，光绪二十六年（1900年）出督贵州学政，历官至弼德院秘书长（院长为奕劻），后退隐乡里。曾兴办小学，并在济南、潍县两地开设德和堂中药店，对穷苦患者施舍成药，得善行之誉。田智枚颇工书法，得享盛名。1918年10月，徐世昌就任中华民国大总统后，曾函请其赴京襄政，田智枚婉拒之。此年徐世昌书赠大字"寿"以贺田智枚六十大寿。

"大河鉴宝"书画鉴定专家／于建华

晚清　晚清重臣张百熙"工诗、善书"轴

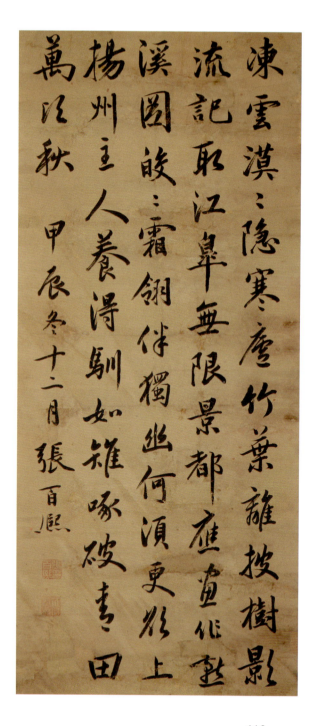

◎藏品档案

尺幅：121 厘米 ×53 厘米。
书法行书，自作二首七言绝句。

◎市场参考

按市场论价，此幅书法作品笔法上乘，作者为晚清科举进士，有声望地位，市场参考价每平尺上万元，整幅估价 5 万～6 万元人民币。

◎专家点评

　　同治十三年（1874 年），慈禧皇太后"垂帘听政"时期，开甲戌科举殿试，来自湖南长沙的考生张百熙高中第二甲第 6 名进士，成为古代科场的幸运儿。在张百熙高中进士三十年后的甲辰（1904 年）十二月，他接替咸丰年间状元孙家鼐职位，任光绪朝的吏部尚书。正是在这个月，他以其擅长的行书挥写一堂二首七言绝句，诗大概为自作，因为他也很擅长作诗。书幅上未署上款，应为其自娱自乐的即兴创作。

诗云："冻云漠漠隐寒庐，竹叶离披树影流。记取江皋无限景，都应画作燕溪图。"又云："皎皎霜翎伴独幽，何须更欲上扬州。主人养得驯如雉，啄破青田万顷秋。"落款："甲辰冬十二月，张百熙。"钤印："张百熙印"白文回文印和"天官冢宰"朱文印。"天官冢宰"为官名，《周礼》六官，称冢宰为天官，为百官之长。唐武则天曾一度改吏部为天官，旋复旧称。后世亦以天官为吏部的通称。张百熙曾任吏部尚书。

　　张百熙此堂自作诗行书，书法上摹"二王"（王羲之、王献之），尤在《圣教序》中下过功夫，用笔清劲，点画多姿，体态妍美。又辅以柳公权书法的清刚劲爽和绝尘超脱，向背转折，皆含法度。张百熙工诗，故书中亦显现出文人的气质涵养。又因他长年为高官，自然书中又透出些许庙堂的官气，似乎略显刻板沉稳，失却了率真放浪之韵。好在张百熙书中没有"馆阁"之气，作为赐进士出身（一甲赐进士及第，二甲赐进士出身，三甲赐同进士出身），又长年为官的书手，这点尤为难得。

　　张百熙生于道光二十七年（1847年）四月初六日，卒于光绪三十三年（1907年）二月二十七日，年61岁。他除了曾任吏部尚书（相当于现在的中组部部长），在光绪二十六年（1900年）官左部御史，二十七年（1901年）官工部、改刑部尚书，三十一年（1905年）官户部尚书，三十二年（1906年）改邮传部尚书，清朝六大部，除了兵部和礼部，他任过四个部的尚书，赠太子太保（一种荣誉性的官衔，加给重臣近臣），卒谥"文达"。可惜张百熙在礼部官职为侍郎，未入官兵部，否则他将荣获"大满贯"也。光绪三十二年（1906年）九月新设立邮传部，张百熙成为首任尚书，可知清廷对他的器重。

　　张百熙虽然亦以"善书"称，但他终生为官，官场奉迎，案牍劳形，加之未享高龄，没有过清幽的退休生活，自然属于自己的时间不多，所以书法流传下来的不是很多。此堂书法近6平尺，虽然略有折损，但精心装裱后有所弥补，终是瑕不掩瑜的。

"大河鉴宝"书画鉴定专家／于建华

晚清　自诩"癸卯对策江南第一"进士胡炳益行书轴

◎藏品档案

尺幅：148 厘米 ×40 厘米。

书法行书，所录内容摘自东晋王羲之的《平安帖》。

◎市场参考

胡炳益中二甲第四名进士，点翰林，迁侍读，民国又任职法律界，且有著述，尤善书法。此屏条 5 平尺多，晚清进士书法一般 7000 元～8000 元一平尺，算下来此幅当值约 4 万元人民币。

◎专家点评

胡炳益此纸本屏轴，内容录的是东晋王羲之的《平安帖》：

此粗平安。修载来十余日，诸人近集，存想明日，当复悉来无由，同增慨。

帖中言及"诸人近集，存想明日，当复悉来无由"，可见晋人的雅集过从之密，啸咏风气之盛。"修载"即王耆之，字修载，羲之的叔兄弟。胡进士此临，只是意临王书中萧散真率的神韵。王羲之原帖（唐摹本）笔画清劲，点画多姿，胡进士则偏向敦厚古雅，似取法颜真卿的笔意为多，圆劲浑穆，结体庄谨，又带有"浓墨宰相"刘墉行书中的墨浓势厚、雍容端庄的风神。通幅欣赏，用笔纵敛有度，运锋平和，虚实相间，精华内蕴。虽然书中稍乏王羲之原帖中的流美润畅，但作为科举中进士、点翰林之士，书法中不存丝毫"馆阁""台阁"习气，已是难能可贵的了。

临书上落上款"鲁卿一兄大人正"，落名"弟胡炳益"，钤印"胡炳益印"白文。关于胡炳益用印，笔者曾看到过胡进士一张书法册页钤有一方"癸卯时策江南第一"的印章，其自负如此。查"癸卯对策"（公元1903年，即光绪二十九年），状元王寿彭为鲁人，榜眼左霈为汉军正黄旗，探花杨兆麟为黔人，第二甲第一名（传胪）黎湛枝为粤人，第二名胡嗣瑗为黔人，第三名朱国桢为楚人，胡炳益高中第四名，因其为江苏常熟人，故有上述用印。"对策"又称"策试"，古时就政事、经义等设问，由应试者对答，称为对策，是汉代至清代取士考试的一种形式。清朝中晚期殿试策题由皇帝亲拟，最终钦定进士名次，故亦称殿试为"对策""策试"。

胡炳益生卒年不详，江苏常熟人。中进士后入庶吉士，散馆授翰林院编修（七品），历官至侍读（从四品）。民国期间（1912—1949年），其赴日本习法律。归国后在地方审判所任职，并司律师业。曾受聘任《江苏通志》总纂，著有《会试墨卷》一册，光绪年间出版。

"大河鉴宝"书画鉴定专家／于建华

民国　名家叶恭绰自作诗行书轴

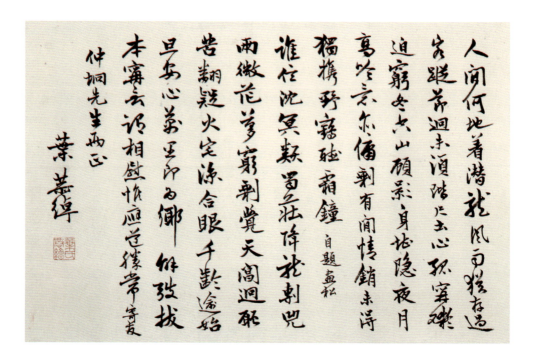

◎藏品档案

尺幅：31 厘米 ×48 厘米。

书录自作七言律诗两首，诗录完有小字署款"自题画松"四字，"寄友"两字标题。接着诗左署上款"仲坰先生两正"，落名"叶恭绰"，印"叶氏恭绰"圆朱文。

◎市场参考

叶恭绰名声响誉海内，又颇工书法，拍卖市场上一般书法能拍至 5000 元左右一平尺。此幅乃其小字自作诗妙品，价格当应高于其作的平均市场价，一平尺 6000 元～ 7000 元比较公允。

◎ **专家点评**

　　叶恭绰（1881—1968 年年），广东番禺（今广东广州）人。字裕甫，又作玉甫、玉父、玉虎、誉虎，号遐庵，晚号遐翁，著名学者、收藏鉴定家、政治活动家、书画家。民国间曾出任交通总长和铁道部长，新中国成立后任全国政协委员、常委，中央文史馆副馆长等。

　　叶恭绰此幅横幅镜片，书录自作七言律诗两首，云：

　　人间何地着潜龙，风雨犹存过客踪。

　　节迥未须阶尺土，心孤宁碍迫穷冬。

　　空山顾影身堪隐，夜月高吟意亦傭。

　　剩有闲情销未得，独携野鹤听霜钟。

　　诗录完有小字署款"自题画松"四字。接着又是一首七言律诗：

　　谁信沉冥类蜀庄，降龙劓豖两微茫。

　　梦穷剩觉天阍迥，愿苦翻疑火宅凉。

　　合眼千龄逾始旦，安心万里即为乡。

　　解弢拔本宁无谓，相慰惟应道胜常。

　　录完有"寄友"两字标题。接着诗左署上款"仲坰先生两正"，落名"叶恭绰"，印"叶氏恭绰"圆朱文。上款"仲坰"乃丹徒吴载和的字，吴氏携艺游粤东，从黄土陵游，为入室弟子，其印深得叶恭绰等名人赞赏。

　　叶恭绰书法以行书为擅，用硬毫挥洒，笔画劲利，结体端凝之中透出一股子英爽之气。不过，叶氏作书时由于用过硬的笔，并且过于在笔力上下功夫，所以有时难免看上去骨鲠有余，而冲和不是太足。好在此幅因为录的自作诗，字体又略小，书中倒是多了些平和冲淡，在传世的叶氏书作中，算是比较难得的了。

"大河鉴宝"书画鉴定专家 / 于建华

二、屏、联

近代　南社社员鲁荡平行书长屏

◎ **藏品档案**

尺幅：176 厘米 ×19 厘米。

书法行书，录一首七言绝句，署款"荡平金陵杂感"，钤印"鲁荡平印"白文和"若衡"朱文。"若衡"是鲁荡平的字。两方印章皆出自湘人齐白石之刀。

◎ **市场参考**

鲁荡平曾是报人、校长、高官、司令，"既是秀才又是兵"，身份特殊，地位优越，名声自然籍甚。其亦有书名，国内拍卖市场常有其作品投拍，多为行书，偶有草书，一般作品每平尺在两三千元左右，价格远远低于当代书法名家的润例（不过这些润例往往有虚高和有价无市的现象），所以据此价格，假若见一件买一件也不为过，假以时日，增值是肯定的。

◎ **专家点评**

　　鲁荡平此幅琴条长屏，行书一行半，章法疏逸，舒畅妥帖。所书一首七言绝句，诗曰：

　　　　只见楼头燕子飞，旧时王谢已全非。

　　　　乌衣名巷今犹在，仍被朝阳与夕晖。

　　此诗应是鲁荡平所作，是据唐代诗人刘禹锡的《乌衣巷》绝句而出的，刘诗曰：

　　　　朱雀桥边野草花，乌衣巷口夕阳斜。

　　　　旧时王谢堂前燕，飞入寻常百姓家。

　　此屏书法，有颜真卿楷书的笔意，沉厚浑穆，雄健挺劲，用笔末笔不作尖锋，而是多以回锋，显得厚重古拙。字形偏长，则又使书法看上去劲秀雅逸，形成了险中有稳、巧中见拙的艺术特色。书中还有苏东坡的典雅和米元章的恣肆，这倒是增添了一种随心所欲、无拘无束的意趣和姿态。书法注重自然韵味，没有造作就好，鲁荡平此作即很天然成趣。

鲁荡平 (1895—1975年)，湖南宁乡人。早年加入同盟会，后又入南社，为中华革命党湘支部总干事。曾任湖南益阳、湘乡等县县长，湘军总部顾问兼军法官，驻粤湘军第三路司令，天津特别市政府社会局长，天津国民日报社社长，《中央日报》总编辑，北平民国大学校长，河南省政府委员兼教育厅长，国民党五大中央监委常委，武汉行辕秘书长等。1949年后去台湾，在台湾政界任职并被湘人推选为湖南省同乡会理事长，为南社少数渡台社员之一。

"大河鉴宝"书画鉴定专家 / 于建华

清代　光绪进士章钰七言行楷楹联

◎藏品档案

尺幅：135 厘米 ×32.5 厘米 ×2。
上联"米家画舸穿桥月"，下联"到氏奇疆幻洞天"，
落上款"紫垣吾兄法鉴"，挥写时间"乙亥九月"，
署名"章钰"，钤印"章珏"白文和"坚孟"朱文。
"乙亥"即 1935 年，"章珏"是章钰的又名，"坚孟"是章钰的字。

◎市场参考

章钰有科举的最高功名进士的光环，又为著名学者，书法亦极古雅有道，此副楹联近 8 平尺，若按每平尺 5000 元～ 6000 元人民币应市，那么这副楹联可值 4 万～5 万元人民币。

◎专家点评

　　光绪二十九年（1903 年）开癸卯进士科，长洲（今江苏苏州）章钰高中第二甲第十四名进士。本副楹联中的"乙亥"为章氏考中进士三十多年之后的 1935 年。

　　上联"米家画舸穿桥月"中"米家"指北宋著名书法家米芾，米氏同时代的著名书法家黄庭坚有赠米芾诗句"沧江静夜虹贯月，定是米家书画船"。有载米芾富于书

画收藏，宦游外出时，书画往往随其行住，在乘坐的船上大书一旗"米家书画船"，由此可以看出米芾的狂放不羁。下联"到氏奇礓"出处为晚清著名诗人丘逢甲（1864—1912年）的《岭云海日楼诗钞·古大夫宅下马石歌》之末两句："摩挲欲具袍笏拜，当作到氏奇礓看。"南朝彭城武原（今江苏邳州西北部）"到氏"家族在南北朝时是煊赫的家族，在宋、齐、梁、陈四代计有13人在朝廷任高官。南朝梁元帝萧绎（552—554年在位）有《赠到溉、到洽》诗，云："魏世重双丁，晋朝称二陆。何如今两到，复似凌寒竹。""礓"指台阶，亦代指奇石。

章钰联语书法，是略带行书笔意的楷书，有颜真卿《多宝塔》的底子，又揉入欧阳询的奇险和苏轼的天真，书笔游刃有余，缓急适度，既现行笔中的一波三折，又未失结字中的险绝和舒畅，沉稳丰腴中透着筋骨清挺。章氏著作浩繁，乃著名文人，那通身的文人之气自然而然又带入书法之中，这又使他的书联平添了不少书卷之气，愈加让人爱不释手。

章钰（1865—1937年，一说为1864—1934年）一作章珏，字坚孟，又字坚梦、式之、茗理（有"茗理题记"印），别署蛰存、长孺、负翁、北池逸老等，室名四当斋、茗理簃。著名学者、藏书家、校勘学家、书法家。光绪十五年（1889年）中举，二十九年（1903年）连捷中进士，官刑部主事。历南洋、北洋大臣幕府。后调外务部，充一等秘书庶务司，兼京师图书馆编修。民国三年（1914年）任清史馆纂修。旋辞官，隐寓天津，以收藏、校书、著述遣时，晚年教授家塾，病逝于北京。著《四当斋集》《宋史校勘记》《钱遵王读书敏求记》等，校勘《三朝北盟会编》等。

"大河鉴宝"书画鉴定专家／于建华

清代 癸卯并科进士张濂的楷书七言联

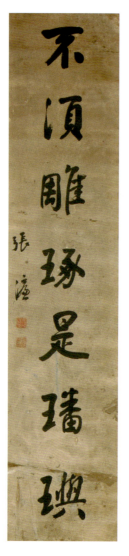

◎ 藏品档案

尺幅：131 厘米 ×29 厘米 ×2。

楷书七言，纸本镜片。联句"自以文章供杞梓，不须雕琢是璠玙"，联上署穷款"张濂"，钤印"臣张濂印"白文和"癸卯翰林"朱文。

◎ 市场参考

张濂二甲靠前的进士出身，诗词文章自不待言，书法虽然个性不太明显，但不带"馆阁"习气，也是难能可贵的了。就市论价，约每平尺六七千元人民币，此幅楹联近 7 平尺，价值 5 万元人民币左右。

◎ 专家点评

　　光绪二十九年（1903 年）殿试这一科，本应开在二十七年（1901 年）。因二十七年辛丑科值清德宗（光绪帝）三旬万寿，原定改为恩科，正科则推迟一年，于次年（壬寅）举行。但因北京贡院在庚子年（1900 年）被八国联军烧毁，二科均暂停，至二十九年（癸卯，1903 年）始合并补行。

张濂生卒年不详，字仲清（一说"仲清"为号），一作仪周，直隶献县（今河北献县）人。中进士后选庶吉士，三年散馆授翰林院编修。清亡（1911 年），任民国"安福国会"众议会议员（"安福国会"是中华民国第二届国会，于民国七年，即 1918 年开始，至 1920 年止。因其选举过程被"安福俱乐部"所控制，故称为"安福国会"。"安福"为北京一个胡同的名称）。此届议会选出议员 574 名，安福系人物竟占到 90% 以上的席位，故此届国会成立后便被人们称为"安福国会"。张濂不知是否为"安福系人物"。

张濂在结束"安福"议员职务之后，未再从政，而是退隐江湖，专心研究医学，余暇挥毫泼墨。医学成就不可知，但他教子有方，培养的儿子中有张岱年，为著名哲学家，生前曾任清华、北大哲学教授，中国哲学史学会会长，著有《中国哲学史大纲》。

张濂此联句"自以文章供杞梓，不须雕琢是璠玙"，是从宋代文学家、"唐宋八大家"之一曾巩的《简翁都官》诗中改字录用的，原诗句为"自有文章真杞梓，不须雕琢是璠玙"。"杞梓"原指两种木材的名字，后比喻优秀人才，出自《国语·楚语上》："晋卿不若楚，其大夫则贤。其大夫皆卿才也，若杞、梓、皮革焉，楚实遗之。"又如，《晋书·陆机陆云传》评："观夫陆机、陆云，实荆衡之杞梓。""璠玙"为美玉名，后泛指珠宝，引申比喻美德贤才。出自《初学记》卷二七引《逸论语》："璠玙，鲁之宝玉也。孔子曰：'美哉璠玙！远而望之，焕若也；近而视之，瑟若也。'"又如，三国魏曹植《赠徐干》诗："亮怀璠玙美，积久德愈宣。"

其书法颜鲁公，端庄伟岸，而不失清远，遵守法度，又深涵魏晋余韵。字中又参以写颜大家钱沣（1740—1795 年）的峻拔苍郁，劲重圆厚，看上去结字稳健，力雄气沉。然有些窘于绳律，稍许缺乏了些韵致，这是不能护短的地方。

"大河鉴宝"书画鉴定专家／于建华

第二节 ｜ 国画赏析

一、明清绘画

明末　吴门著名女画家文俶的《花卉蜜蜂图》

◎ **藏品档案**

尺幅：23 厘米 ×18.3 厘米。

设色纸本。在被青绿点润的坡土上，两块湖石斜立，一块空灵剔透，一块嶙峋峻峭。湖石以淡墨双勾，以黑色的浓淡晕染出明暗对比。画面的右上方是两只空中的蜜蜂正飞向花心。画上未有署款，应是一本册页中的其中一页，非是最末一页，故未有款识，古书画册页常有这种情况，一本册页数幅、十数幅作品只有最后一页上有署款题识。但此页上有画家的钤印两方："端容"（白文）、"文俶"（朱文）。

◎ **市场参考**

文俶为明末才女，惜天不假年，只享世寿 40 岁，令人惋叹。因其流布作品多系工笔画，加之艺术生命不长，所以传世作品很少。物以稀为贵，文女史画作工笔花卉草虫当值每平方尺 15 万 ~20 万人民币，具体根据画面疏密和笔墨的精细会有上下浮动。此幅近 0.7 平尺，画笔工致，墨彩清婉，应值 10 万 ~12 万人民币。

◎ **专家点评**

　　文俶，明末名门闺秀者也。她的父亲文从简（1574 — 1648 年）是明崇祯年间（1628 — 1644 年）拔贡，为著名画家。从简祖父文嘉（1501 — 1583 年），擅"郑虔三绝"，曾祖父乃明朝"吴门四家"之一的文徵明（1470 — 1559 年），他是"吴门画派"的创始人之一。文俶父辈、祖辈、曾祖辈乃如此大名家，她秉承家学，再加上天赋，自然成为画坛名家。

　　文俶（1595 — 1634 年，一说为 1594 — 1634 年），《无声诗史》等作"文淑"，字端容，款署寒山兰闺画史，长洲（今江苏苏州）人。《列朝诗集小传》云其："太仓赵宦光凡夫子妇文氏，名淑。点染写生，自出新意，画家以为本朝独绝。"《初学集》又云："文淑，字端容。性明慧，所见幽花异卉，小虫怪蝶，信笔渲染，皆能摹写性情，鲜妍生动。图得千种，名曰《寒山草木昆虫状》。摹内府《本草》千种，千日而就。又以其暇画《湘君捣素》《惜花美人图》，远近睹者填塞。"此外，《珊瑚网》《池北偶谈》《无声诗史》《图绘宝鉴续纂》等也有载文俶女史的生平行迹。

　　文俶此图未署名，我们可以称之为《花卉蜜蜂图》，点苔浓墨成小圆点，填色重湖蓝，这种技法明末清初著名画家陈洪绶亦时用之。图上幽花异卉两种，靠近湖石是一丛扁长似水仙叶子的花卉，叶子中一茎顶着两朵幽花，湖蓝加浓粉的花片花丝和点

蕊，极现洁雅秀美。坡土上有异花两丛，似桂树的椭圆形叶子，叶子中一茎一朵似荔枝的奇花，红花绿叶，清妍幽雅。两种幽花异卉，恰如《无声诗史》赞文傲辞中所云："写花卉苞萼鲜泽，纸条荏苒，深得迎风把露之态。溪花汀草，不可名状者，能缀其生趣。芳丛之侧，佐以文石，一种茜华娟秀之韵，溢于豪素。"构图疏密有致，笔墨生动传神，花之神态、叶之翻转、石之峭奇，看似不经心间的随意点缀，实则曲尽其妙，逸气满楮。蜜蜂勾写工细，写生功夫极深，似乎听到蜜蜂的嗡嗡声，有呼之欲出之感。

"大河鉴宝"书画鉴定专家／于建华

明末　文人画家韩范的《山水人物图》

◎**藏品档案**

尺幅：129 厘米 ×79 厘米。

工笔设色，图上左边二位高士和二位童仆为一组，在两棵苍松之下；右边是一位仕女和两位侍女。人物师法宋、元，用双勾填色法，人物衣纹素细繁密，但不碍流动多变，且变而不乱，衣纹、饰带的飘拂，富有动感，极现生动之致。画面上署款："癸未嘉月画于蜀岗草堂。韩范。"钤印："韩范之印"（白文）、"二有氏"（朱文）。

◎**市场参考**

此画创作时间距今 370 年，画家又乃有载的文人骚客，并有著述传世，画迹亦被收入极具权威的《中国古代书画图录》之中，且画笔工致密丽，品相完好，尺幅又有八九平尺之巨，按照市场行情，当在 180 万 ~200 万之间，算下来也仅 20 万人民币左右一平尺，相较当今炒熟的画家，画工一般，动辄也是 10 万 ~20 万一平尺的价格。这样一比较，怎么说也是韩范的画作，值这个价格。

◎**专家点评**

　　画家韩范是明末松江几社成员之一。几社成立于明朝崇祯元年（1628 年），到崇祯十五年（1642 年）几社正式分出求社和景风社。几社成员最多时达百余人，大都既能"建毫颖，振雄藻"，又可"立期赴约，动盈卷素"（杜麟徵《几社壬申合稿序》），进行诗句文赋创作活动。几社成员中又有部分成员具有云间词人的双重身份，据史料载有数十人之多，其中就有韩范。近代名词人龙榆生在《近三百名家词选》中有云："（云间词派）开三百年词学中兴之盛。"

画款署"画于蜀岗草堂","蜀岗"是江苏扬州瘦西湖景区的一部分,景区中有"湖上草堂",韩范此图正是创作于此。关于韩范在扬州的行迹,据清朝谢坤(一作"堃")《书画所见录》所载:"(黄慎)初至扬郡,仿萧晨、韩范辈工笔人物,书法钟繇,以至摹山范水,其道不行。于是闭户三年,变楷为行,变工为写,于是稍稍有倩托者。又三年,变书为大草,变人物为泼墨大写,于是道之行矣。"黄慎(1687—1766年),字恭懋,号瘿瓢、瘿瓢子等,福建宁化人。他在清雍正间(1723—1735年)至扬州,且成名于扬州,为"扬州八怪"之一,黄慎初至扬州,尝摹韩范的工笔人物画,说明韩范在扬州留下不少画迹,且颇具水平,名声亦响。

韩范绘画的水平和名声,大概被其文名所掩,所以书画类著述中未有其生平行迹记载。倒是《明人室名别称字号索引》(杨廷福、杨同甫著,上海古籍出版社2002年1月出版)中有载韩范:"籍贯松江,字友一,号思兼,室名云颂堂。"据清嘉庆间(1796—1820年)重修的《奉贤县志·艺文志·集部》记载,韩范著诗词集两部,分别为《友一诗钞》和《云颂堂集》,前者为诗集,后者为词集。新修的《上海通志》"资料长编"亦提及韩范著作收录嘉庆间重修的《奉贤县志》之中。

权威性的著作提及韩范画迹的,仅见20世纪90年代出版的《中国古代书画图录》(中国古代书画鉴定组,1997年1月文物出版社出版)中收有韩范的两幅人物画,但未有韩范介绍。两幅画分别是《入山图》(55厘米×193厘米)横披,设色纸本,石家庄文物管理所藏;另一幅《天官图》(142厘米×77.5厘米),设色绢本,藏于天津市艺术博物馆。《图录》是一部集国内现存古代书画作品之大成的图典,1983年中宣部批准文化部组织全国顶级权威徐邦达、谢稚柳、启功、杨仁恺、刘九庵、傅熹年等组成中国古代书画鉴定组在全国范围进行最权威的公、私藏画鉴定和定等级,并编成此《图录》。韩范画作不仅入黄慎法眼,亦入当代权威法眼,窥斑知豹,韩范画作入品也。

《山水人物图》中高士精神矍铄,姿态旷迈,仕女身形纤瘦,端庄静淑,画面人物清雅秀润,似从宋朝"二李"(李公麟、李唐)处出,画笔的铁线描,勾勒的运行自然,墨色的水乳交融,尤其转折处的松秀活泼,则又是师法刘松年的意态。元朝王振鹏人物画中的曲尽其体、神气飞动和周朗人物画的细致飘洒、笔致清逸,在韩范人物中也有所体现。两棵苍松占据着画面的大块，老松躯干拧曲盘延，直入天际。树干用细墨勾出轮廓，粗壮高大，水墨加赭石层层渍染，色重皮老，显出苍松的坚实老挺。簇簇松针挺细繁茂，坚爽有力。着墨不多的山石也以勾松干的笔墨勾写，形成了山石的坚硬与苍松的和谐相映。画面无一赘笔，构图完美舒畅，工丽而不板，并且透出文人画的韵致。

"大河鉴宝"书画鉴定专家 / 于建华

◎ 清代　僧石庄《山水图》

◎ **藏品档案**

尺寸：134 厘米 ×42 厘米。

直幅，水墨绢本。

◎ **市场参考**

石庄山水画名满净俗，其作品在海内外皆有拍卖，有"磊落之概"。2000 年 5 月，香港苏富比投拍其一册山水，共八开（36.2 厘米 ×28 厘米），32 万 ~35 万的估价投拍，以 615595 元成交，平均下来每平尺七八万元左右。当然这是个例。此本册页被评为"笔墨构图奇特，画法受郎世宁的影响。与石庄一般山水风格不同"，可能正是这"风格不同"，才拍出如此高价。"一般"山水是大大低于这个价位的，大概平均每平尺 8000 元 ~1 万元人民币。

◎ **专家点评**

僧道存字石庄，清中叶扬州知名画僧也。清人李斗（1749 — 1817 年）所撰《扬州画舫录》多次提及道存，在卷二《草河录下》中尝云：

"临水红霞"即桃花庵，在长春桥西，野树成林，溪毛碍桨。茅室三四间在松楸中，其旁厝屋鳞次。植桃树数百株，半藏于丹楼翠阁，倏隐倏见。前有屿，上结茅亭，额曰"螺亭"。亭南有板桥接入穆如亭。亭北砌石为阶，坊表插天，额曰"临水红霞"。折南为桃花庵，大门三楹，门内大殿三楹，殿后飞霞阁三楹。楼左为见悟堂，堂后小楼又三楹，为僧舍。庵内檀越柴宾臣延江宁僧道存居之……僧道存，字石庄，上元人，剃染江宁承天寺。莲香社因湖上建三贤祠，延石庄为住持。迨石庄为淮阴湛真寺方丈，以三贤祠付其徒竹堂。迨石庄卸湛真寺徙是庵，遂迎三贤神主于庵之桐轩，其时竹堂亦下世。自是三贤祠复为筱园，石庄则独居是庵矣。石庄工画，善吹洞箫，其徒西崖、竹堂、古涛，皆工画，自是庵以画传。竹堂兼工刻竹根图书，与潘老桐齐名。孙甘亭，画如其师，诗人朱篔与之善。甘亭之徒善田，字小石，善弹琴，工画侧树柏。竹堂以上，皆上元人；甘亭以下，皆扬州人。因莲香社为石庄祖堂，故令其裔开爽居之。

见悟堂后楼，额曰"莲香阁"，石庄自署也。阁为石庄所居……

壬子除夕（乾隆五十七年，公元1793年2月10日）石庄死。死之前一夕，毕园居人见师衣白夹衣，桐帽棕鞋，手柱方竹杖，往茱萸湾大路去，呼之不应，忽忆师已病半月矣。自是草河人家皆卜师将西归。师在日蓄一猫，及师死，卧遗舄中，七日不食而毙。甘亭葬之庵后门外，呼之曰义猫坟。

此图山峰坡石以枯笔披麻皴涂写，勾皴细繁，几乎不用点苔。近处的几棵树木双勾枝干，三角碎点点写枝叶，郁郁苍苍。远山的树木以"米家点"横点，苍润浑茫。奥境奇辟，缅貌幽远，笔墨苍茫，得元人胜概。近景的树丛掩映之中，两间茅屋错落于围栅之间。其中一间临窗坐着一位白衣高士，束发宽衣，静坐无事，悠哉游哉。画题"日长篱落无人过，惟有蜻蜓蛱蝶飞"，诗句乃南宋田园诗人范成大《四时田园杂兴》绝句中后两句，前两句"杨子金黄杏子肥，麦花雪白菜花稀"，好一派田园风光矣。署"庚戌之初秋"，落"石庄"，钤印"兼印"白文和"石庄"朱文，署题引首处钤"五湖扁舟"朱文长方形小印。"庚戌"应为1770年，即乾隆三十五年。

石庄的生卒年不详。上元（今江苏南京）人，号石头和尚。虽为出家僧人，但喜结文字缘。《中国美术家人名辞典》称其："其画山水，师查士标，《画人补遗》作师石溪（髡残），未知孰是。笔则沉着，墨则浓郁，有磊落之概，无蔬笋之习。亦能画松，年逾七十。"

"大河鉴宝"书画鉴定专家／于建华

清朝　吴规臣《牡丹图》

◎ **藏品档案**

尺幅：66 厘米 ×33 厘米。

直幅。图中两朵盛放的牡丹花被两枝枝叶托着，迎着春风，艳丽娇美。画上题款"丁亥春日写应季淳先生雅属"，落名"金沙女史吴香轮"，钤"规"白文和"臣"朱文印。左下角两方收藏印，一方是大名鼎鼎之伊秉绶（1754—1815）的"伊秉绶印"白文，一方是印泥较新的"寄楼珍藏"朱文印；右下角是一方"志读书斋古氏家藏"朱文长条印。据钤有"伊秉绶印"，画上"丁亥"当为 1767 年，即乾隆三十二年。"金沙女史"是吴规臣的另号。署款小楷，用笔稍显稚嫩，当为其早年所作。

◎ **市场参考**

吴规臣的花卉翎毛近年在京沪拍卖市场时常出现，其花卉"雅秀天然"。2004 年 11 月，北京翰海秋拍投拍一轴她的《荷香清逸图》立轴，105 厘米 ×39 厘米的尺幅，约 4 平方尺，估价 1.5 万 ~2.5 万元人民币，成交价 30800 元，算下来 8000 元左右一平方尺。2007 年中国嘉德（北京）某次小拍中，吴规臣的一页《花鸟图》扇片以 5500 元成交。上海敬华 2005 年春拍中有一页吴规臣的工笔花卉团扇，以 1 万元 ~1.2 万的估价投拍，但不知成交情况，不过其作品有较高的市场价格是被肯定的。

◎**专家点评**

　　清朝中叶，江苏金坛吴规臣花卉、浙江嘉兴沈珏山水、江苏吴县吴蕙花卉和广东南海黄之淑兰竹，"并出冠时"，有声艺界。此四位皆为女性画家，可谓巾帼不让须眉。

　　吴规臣字飞卿，一字香轮，号晓仙。此屏工笔牡丹，画笔师法宋元，遵守传统，不越雷池。枝干淡墨勾皴，再以赭石加花青罩染；叶子正面花青底罩草绿，反叶及叶柄均平涂淡草绿，从叶尖向下罩四绿，然后用深草绿勾筋。花朵一朵娇黄、一朵朱红，花片先涂薄粉底，后用淡鹅黄和朱磦分染，瓣根染色较重。花蕊包在花心之中，未着墨色。我们从这两朵争奇斗艳、竞相怒放的牡丹花描写中，感受到春色浓郁、花木葱茏的欣欣向荣的气象。这画上牡丹花丰盈、柔嫩与较好的姿容，怎能不让人想去享受大自然的赐予呢！"春入西园何苦夸，我曾狂醉洛城花"，看到这般娇妍彤霞的牡丹，是否该"应笑残菊无意思"呢？《中国美术家人名辞典》称吴女史："画花卉，得潘榕皋（奕隽）之传，性喜艺苑，每对花写照，风枝露叶，雅秀天然。"再回过头来看她画的牡丹，不正是极具雅秀天然之美吗？

　　吴规臣适吴县顾鹤。鹤出官陕西米脂县令，从征喀什噶尔，归臣留居吴门，夫家母家皆恃其往来金陵、维扬间鬻画供给。其复精岐黄，通剑术，可谓才女也。

"大河鉴宝"书画鉴定专家／于建华

清朝 陆俣《山水图》

◎**藏品档案**

尺幅：28厘米×34厘米。

设色纸本，为青绿山水。远山近坡，以淡墨轻勾成形，边沿辅以淡淡的赭石，着色以翠绿加三绿润染点写，点以碧绿的苔点，典型的青绿山水着色之法。画上题杜甫五言诗句"自闻茅屋趣，只想竹林眠"。署款为"乙丑秋日，写少陵诗意为钰庭仁兄大人方家法赏。侣松陆俣"。钤印"陆俣之印"（朱文）。其中"少陵"是杜甫的自称，"侣松"是陆俣的字。

◎**市场参考**

在2011年朵云轩的春拍上，这帧山水4000元人民币落槌，半年过去，还是朵云轩的拍卖会，有一页陆俣的青绿山水扇片也是4000元落槌。两帧山水的尺幅面积相差不多，可知今年陆俣的青绿山水每平尺在4000元以上。相较2004年陆俣的山水扇面在上海工美仅以2000元成交，几年过去已是翻了一番。陆俣有画名，也有实力，过些年画价还会翻番。

◎ **专家点评**

　　陆俣此帧《山水图》，远景的竹林水墨夹杂着花青写竿，花青和水墨写叶，茂密郁苍。竹林中流淌着一溪泉水，似闻水声。一汪湖水自左下向左上斜着断开画面，湖水波澜不起，一架木桥横跨水上，桥下一叶小舟上端坐一位高士，似乎要靠岸登陆，穿过孤亭去拜会一处木栅围栏内一间茅屋中静坐的隐士。孤亭和茅屋以浓墨勾形，敷色厚艳的赭石加鹅黄，另外孤亭边上一棵斜干的古树的枝叶也与茅屋和孤亭的颜色相同，与对面远山的青绿形成强烈的对比，遥相呼应。再者画中一棵苍劲的古松，参天顶立，喻示着画中之人的高洁出尘。

　　至于画上署创作时间"乙丑秋日"，根据《宋元明清书画家传世作品年表》（刘九庵著，上海书画出版社 1997 年出版）中所录"同治四年（1865 年）冬十一月陆俣（侣松）为了渔作看云图卷。南京博物院"，同治四年是乙丑年，与这幅青绿山水上的"乙丑秋日"为同一年，只晚了一个季节，据此，此图上的乙丑也应为同治四年（1865 年）。但不知刘九庵先生是从哪里认定南京博物院收藏的《看云图》上署的"乙丑"为同治四年的乙丑，是否该图上署有"同治"年号？辞书上未见有载陆俣的生卒年和里籍，《中国美术家人名辞典》云："陆俣（清）字侣松。工画山水，笔法遒劲，枝叶条畅，不愧名手。"

"大河鉴宝"书画鉴定专家／于建华

清代 司马钟《花鸟图》

◎**藏品档案**

尺幅：105厘米×39.5厘米。

这幅《花鸟图》为设色纸本，是广州市文物商店旧藏，装池包手上有该店标签和鉴定火漆。图上的花是两枝菊花，伴着菊花的，是枯枝斜插，枝上带着三五片枫叶，示秋深季节。画上还有一只活泼的乌鸫，神态极其传神，功夫很是到家。画面右上角署穷款："绣谷司马钟"，名下钤印三方，分别是"绣谷"（朱文）、"司马钟印"（白文）、"岐原氏"（兼文）。左右下角又各钤两方印，左边为"赵氏元中珍藏"（朱文）、"纸短情长"（白文），右边为"箧藏三代器"和"宠辱不惊"，都乃白文印。"纸短情长"和"宠辱不惊"像是画家自用闲章，另外两方为后人的收藏印也。

◎**市场参考**

司马钟的绘画，精品可以拍至每平方尺5000元～6000元人民币，一般作品价位在每平方尺3000元人民币左右。

◎**专家点评**

　　司马一姓中颇出耀眼的名人。别的且不论，只说书画名家就有晋朝司马绍（299—325年），字道畿，善书画，笔迹超迈，尝手绘佛像及人物故事；司马睿（277—322年），字景文，工书，豪翰英异，用笔可观。唐朝道士司马承祯（655—735年），字子微，号白云子，工书画，善篆隶书。宋朝司马槐，字端衡，官参议，以画得名。明朝司马伯通善草书。到了清朝，又出了几位司马姓的书画名家，司马湘字晴江，工书画；司马裔字子羽，善白描人物；司马钟字子英，工书画。

　　司马钟生卒年不详，字子英，号绣谷，亦作秀谷，又号绣鹄，别号紫金山樵。上元（今江苏南京）人，官直隶河工州判。活跃在清道光、咸丰年间（1821—1861年），《中国美术家人名辞典》载，他在"道光十二年（1832年）有《海棠翠羽图》，正中年佳作，无悍霸习气。咸丰五年（1855年）作《松鹰图》"。《墨林今话续编》《清画家诗史》称其"长写意花卉及鸟兽。落笔豪放，气势遒逸，尽描头画尾之习。或作草虫鱼虾一两笔，颇生动。其花鸟俱用粗笔点叶，最有古致，写生家有北派者自绣谷始，亦善画兰，山水不多作。其性傲，嗜酒落拓。酒酣一夕可了数帧，寻丈巨幅顷刻而就。中年之笔与张雪鸿、张桂岩在伯仲之间"。2014年8月21日，上海工美夏季艺术品拍卖会上曾拍出一幅司马钟的《花鸟图》。

"大河鉴宝"书画鉴定专家／于建华

清代　同治进士王维翰的《八柏图》

◎**藏品档案**

尺幅：116 厘米×32 厘米。

设色纸本。"八"指的是八哥，"柏"即柏树。图上一只通身漆黑的八哥卧在柏树杈出的细枝之上，抬头侧目，仰望着右上方。画上是画家惯题的穷款"墨林王维翰写"，钤印"维翰私印"白文。

◎**市场参考**

王维翰进士出身，身份优越，又颇工绘画，但输在其绘画的个性不鲜明，所以拍卖市场上价格不是太高。一般山水在 5000 元～6000 元人民币一平方尺，花鸟每平方尺 4000元～5000 元，作为有进士光环的画家，市场行情应该会涨。

◎**专家点评**

　　考中进士是古代科考中极荣耀的事情。清朝（1644—1911年）自建立到灭亡，267年间共开进士科114科，考取进士26000多人，平均每年只有百余名幸运儿产生，所以是稀缺的人才。进士都能写一手好字和好文章，还有的画一手好画，由于有进士的光环笼罩，他们的书画往往格外受人关注。

　　画家王维翰，字墨林，广西临桂（今桂林）人，一作江苏兴化人。同治十三年（1874年）甲戌科第三甲第189名进士（大部分辞书载王维翰中的是光绪二年的进士，误）。《中国美术家人名辞典》称王维翰"工山水、花鸟，以大幅擅长。光绪四年（1878年）尝作《一路荣华图》"。

　　王维翰的这幅画，在八哥腿爪上略施了些赭石，画面最鲜亮的一点即是八哥眼，先以白粉勾外皮，又在白圈内侧圈勾朱红，朱红内又是白粉圈勾，最内是漆黑的重墨圈勾，内部正中一小点白粉点睛，这几笔把八哥的眼睛勾点得奕奕有神。另外，八哥身上的翅尖和尾羽尖部皆以白粉点染，双勾的喙内和腿爪上也敷以白粉，这几处亮白，提亮了八哥通身漆黑的阴沉，更觉八哥活灵活现，有呼之欲出之态。图中粗干的柏树以淡墨勾皴，填色赭石，重墨和浓花青点苔。细碎的枝叶以水墨碎笔点写。墨分五色，又以花青碎点，很见层次，细密厚实。画中一块块的留白，则与一簇簇的细密枝叶相掩映，计白当黑，运用巧妙。画笔有宋元的缜密，也有明清的活泼，甚入古法。

　　　　　　　　　　　　　　　　　　　　"大河鉴宝"书画鉴定专家／于建华

清代　胡骏声《仕女图》

◎ **藏品档案**

团扇直径 26 厘米。

藏青色绢本，纯用金粉勾写题署，极见雅美。画右三行小楷，题款："戊午秋日写奉春田大兄大人雅正，胡骏声。"钤印"苣香"朱文。字、印皆工，现大家风范。"戊午"为咸丰八年（1858 年）。

◎ **市场参考**

绘画论价，一般情况下，人物、山水价高于花卉翎毛，而人物画中又以仕女的价位较高。那么，胡骏声的仕女画应当在每平方尺 6000 元人民币的价位比较适当，也可能根据具体画作的精致程度，其价位有所浮动。

◎ **专家点评**

此《仕女图》，图上的仕女右臂枕着一函书，斜卧在草地之上，在闭目养神，或是在等待什么，身后右边露出一架古琴，点明画中人是"停琴待月"，或是等待赏琴的知音。画中美人，妙如新月，幽态娇姿。仕女身后竹栏贯穿，两株芭蕉，看这蕉下美人，让人联想到金冬心的诗句"秋来叶上无情雨，白了人头是此声"。

画家用铁线描画法，从正锋下笔，瘦劲清爽，线条刚柔并济，勾勒纯熟，不愧"吴中之冠"的赞誉。胡骏声生卒年不详，应是活跃在清道光（1821—1850 年）至咸丰（1851—1861 年）年间的人物画家，尤善仕女。

"大河鉴宝"书画鉴定专家／于建华

清代　医家金德鉴的《山水图》

◎**藏品档案**

尺幅：33.5厘米×40.5厘米。

画题之后署创作时间"戊寅夏"，金德鉴生于清嘉庆十五年（1810年），画上"戊寅"当为光绪四年（1878年），农历虎年。落名"金德鉴并题"，钤印"金德鉴印"（白文）和"保三"（朱文）。

◎**市场参考**

因为是画家精擅的拿手画作，所以应该价值在7000元～8000元人民币，算下来每平方尺6000元～7000元左右，价格不算高。金德鉴既是医家，又是书画收藏家，再高出这个价格也是可以接受的。

◎**专家点评**

　　金德鉴，既是清末名医，也是著名画家。他工山水，尤擅小青绿，上追宋元，又学明朝"吴门四家"（沈周、文徵明、唐寅、仇英），深入古人堂奥，用笔细致妥帖，其山水画"秀润苍郁"。

曾经得赏金德鉴一幅小青绿山水，犹似春风拂面，让人爱不释手。此幅山水上的十六字点明了主题，曰："白云卷舒，岚翠欲滴。萧寺钟声，江干渔篴（"笛"的古字）。"白云蒸腾在画面左边的山涧峰峦之中，时或笼罩着树木，时或横断着山峰。被云雾润湿的山峰以青绿和湖蓝着色，有些远峰和近景则是淡赭石平涂。树木花青和淡墨碎点，很显诗意。在山腰间，一处萧寺掩映在古树之中，粉墙白顶，清碧幽静。右边的一汪平湖波纹不起，似乎听到了笛声就着碧水幽幽飘出。整幅画作画笔清嘉，墨色澄明，敷色清丽。青绿山水往往一不小心就易流入甜俗，而金德鉴此帧小青绿山水则能迥异凡姿，超然尘寰，精妙入神。

金德鉴，字保三，《芥子园画谱》谓其号前释老人，又号双馆阁主人，元和（今江苏苏州）人。流寓上海，精医术，悬壶沪北。工画山水。《海上墨林》称其："工山水，细腻熨帖，秀润苍郁，深入古贤堂奥。"著有《焦氏喉科枕秘》一书。

"大河鉴宝"书画鉴定专家 / 于建华

清代　慈禧皇太后书画代笔者缪嘉蕙《花卉草虫图》

◎藏品档案

尺幅：65厘米×43厘米。

设色纸本，装池极考究，轴头为名贵的红木。画中花卉是几种菊花，菊花丛中穿插有稀疏清细、挂着几片橙红叶子的枝叶，表现的是深秋的景象。画题小楷，云："壬寅季秋中旬，作于都门寓次，滇南缪嘉蕙。"钤印："缪嘉蕙印"（白回文印）和"内廷供奉"（朱文）。

◎市场参考

缪嘉蕙画笔秀逸清雅，小楷亦享名声，又有宫廷画师的光环，还有慈禧皇太后为其扬名，所以近几年其工细的花卉草虫和翎毛拍卖动辄上万元人民币一平方尺，也有名人上款、名人题签的可以拍至数万元一平方尺，成扇三四万一柄时有成交。此幅《花卉草虫图》，约两平方尺，备极工致，每平方尺应在1.5万上下。

◎专家点评

　　慈禧皇太后在宫廷斗争之暇，附庸风雅，喜弄笔墨，爱染丹青，并且还有时不时用自己的书画赏赐贴身大臣的习惯。但慈禧水平较差，于是宫中便开始豢养能书擅画的女书画家为其代笔。据《清朝野史大观》卷一云：

　　光绪中叶以后，慈禧忽怡情翰墨，学绘花卉。又学作擘窠大字，常书"福""寿"等字，以赐嬖幸大臣。思得一二代笔妇人，不可得，乃降旨各省督抚觅之。会四川有官眷缪氏者，云南人，夫宦蜀死，子亦孝廉。缪氏工花鸟，能弹琴，小楷亦楚楚颇合格，乃驿送之京师。慈禧召见，面试之大喜，置诸左右，朝夕不离。并免其下跪，月俸二百金，又为其子捐内阁中书。缪氏遂为慈禧清客，世称"缪老太太"者是也。间亦作应酬笔墨，售于厂肆，颇有风韵。自是之后，遍大臣家皆有慈禧所赏花卉扇轴等物，皆缪氏手笔也。

　　上述云缪氏者，即缪嘉蕙也。

缪嘉惠（1841—1918年）字素筠，云南昆明人。适同邑陈氏。48岁时进清宫侍候慈禧，至慈禧去世后的1908年离开皇宫，以67岁高龄结束她的宫廷生活。清末诗人陶农部有述缪氏的宫廷生活："八方无事畅皇情，机暇挥毫六法精。宸翰初成知得意，宫人传唤缪先生。"离开皇宫后，缪氏在北京什刹海醇王府旁买了一所宅子入住其中。民国七年（1918年）卒于京，享年77岁。民国三十年（1941年），昆明书画界曾举办"缪素筠诞辰一百周年纪念"活动，郭沫若留题七言绝句："苍天无情人有情，彩霞岂能埋荒井。休言女子非天物，艺满时空永葆名。"

在慈禧身边春风得意的缪嘉惠除教其作画和为其代笔之外，自己也不废创作，"余力所作，都人士兼金争购"（《中国美术家人名辞典·缪嘉惠》）。晚清光绪二十八年（1902年）壬寅季秋，缪氏创作了一幅《花卉草虫图》，笔致工细，设色妍雅，被后人精致装池并收藏。

《花卉草虫图》菊花的枝叶以厚艳的花青勾写点染，胭脂红的菊花细笔双勾花片，浓艳填写，色彩极见妍丽。下方厚厚的细草细笔青绿勾写，笔繁色重，很费工夫。泥草中一柱秀石淡墨加赭石勾形和敷色，层次分明。画中的神来之笔是数只昆虫，将画面点缀得丰富多彩。在石根部菊花叶子和红叶枝子上有三只七星瓢虫，红红的身上点着几个墨点，腿脚也细细地勾勒得很逼真。石顶有只栩栩如生的蝈蝈，勾写工致，似乎一惊动它就要弹跳跃起。三只小蜜蜂也来凑热闹，扇动着薄得透明的双翅翻飞在菊花上方，趁着晚秋花卉不多，来抓紧时间采香寒蕊冷的菊花花蜜，以免错过这一年中的采花末班车。蜜蜂画笔工细得就差听不到嗡嗡声了，假如这时正好有蜜蜂飞过，你还真的以为是画中的蜜蜂飞出来了，工细之致，无非于此了。

"大河鉴宝"书画鉴定专家／于建华

148

清代 袁桐设色花卉《兰石图》

◎**藏品档案**

尺幅：23 厘米 ×30 厘米。

《兰石图》应是一本册页中的其中一页。画中兰石，摹的陈道复和"扬州八怪"金农的笔墨，水墨双勾兰叶，三茎兰花以淡胭脂点写，重胭脂勾花丝和花蕊，清隽中透着妍逸。没骨皴擦点润的秀石有几分纷披，以得陈道复的笔墨为趣。画笔爽劲明快，墨色轻灵雅丽，尝见金农有此种画兰，袁桐追摹颇似，亦得金农神韵。诗左落款："法白易山人意，以似端士世讲二兄之嘱，戊寅冬十又一月，琴甫袁桐制。"钤印"桐"（肖形朱文印），此肖形印是铜钱形制，方孔圆围。外围圆可以寓意"袁"，方孔的上方一短横可代"桐"字右边"同"内的一横，方孔代"口"，合之方孔左边的"木"偏旁，刚好合成一个"桐"字。

◎**市场参考**

袁桐享金石书画的名声，又有叔父袁枚大才子的光环笼罩，最重要的是其画笔清雅，款书高迈，再加上本画已经历二百多年的时光，尽管是不到一平方尺的尺幅，但价格差不多有 7000 元～8000 元人民币。

◎专家点评

清朝才子、乾隆四年（1739年）己未科进士袁枚有部代表著作《随园诗话》，前些年热销了一段时间，把袁枚的名字炒得火热，以至现在地摊书堆中还能找到袁枚进士的《随园诗话》《随园随笔》等著作。

袁枚有位侄子，名桐字琴南，似乎没有科举的功名，有载其"官至直隶河工通判"（通判为清代各府长官知府的属官，协助知府工作。又于各州设此职，称州判，作为知州的属官）。袁桐在仕途上没什么影响，但他的金石书画却为其留下了不小的名声。《中国美术家人名辞典》有载：

"袁桐，字琴南，号琴甫（一作琴圃），又署琴居士，钱塘（今杭州）人，官直隶河工通判。其工小楷篆书，尤善隶法，下笔奇恣，类陈鸿寿。篆刻师钟鼎、汉砖，胎息甚古。金碧山水得仇英遗意，设色花卉雅韵欲流，能诗。"

陈鸿寿生于乾隆三十三年（1768年），卒于道光二年（1822年），袁桐隶法类陈氏，那么其生卒年当与陈氏同时或稍晚。

此作画笔雅韵欲流，画款小行楷亦下笔奇肆高古，先是题了一首七言绝句，似为"能诗"的画家自己吟咏，诗云：

春兰蔼蔼香欲飞，灵均披发潇湘走。

东皇不许人间知，风雨迷离护山守。

"灵均"为战国楚文学家屈原的字，《楚辞·离骚》："名余曰正则兮，字余曰灵均。"屈原节操高洁，兰花亦品性狷傲，屈原多有咏兰赋兰文字，故后人多以兰花比喻屈原的独善其身。"东皇"指远古神话中的天神东皇太一。

据袁桐活跃在乾隆嘉庆（1736—1820年）年间，期间的"戊寅"有1758年和1818年，似应为乾隆二十三年（1758年）所作，因袁枚乾隆四年（1739年）即中进士，其侄儿也不会比他小太多。

"大河鉴宝"书画鉴定专家／于建华

清代　咸丰进士徐河清水墨《芝兰图》

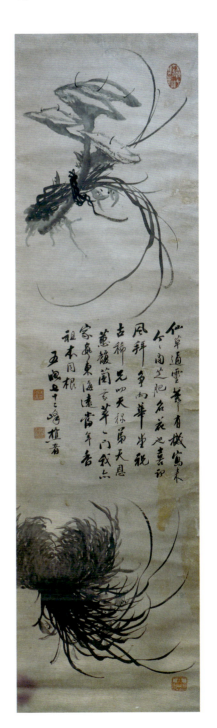

◎藏品档案

尺幅：145 厘米 ×39.5 厘米。

大屏，水墨纸本。图上水墨写兰两丛，皆为无土
之兰。署名"五泄七十二峰樵"，款左钤印"徐
河清印"白回文和"淡仙"朱文，裱边贴着一画
家简介："徐河清，晚清山东名流，字华野，号
荫泉，山东昌邑人，官至贵州道员。富收藏，工
诗词、书画，有《紫微阁诗集》《东道集》《玉
栖馆诗集》等传世。"右上角一方椭圆形的白文
印"五泄七十二峰樵者"，右下角押"一幅兰花
一淡仙"朱文。前印与署款对应，后印与款左"淡
仙"合拍。

◎市场参考

依据此画风格推测应为作者中年后的作品，距今
已有上百年的历史，亦可谓之老笔矣。画家进士
出身，道台官衔（正四品），画笔浑穆，书法洒脱，
但输在画面右边有几处残破，并且破损了几个字。
不拘怎么说，每平方尺 5000 元人民币也值的，此
幅 6.5 平方尺，市场价为 3.5 万至 4 万元之间。

◎专家点评

　　画上气息透出晚清的风神：画笔古穆，款书超脱，钤印拙朴，是晚清真品无疑。但画家名头，予先从山东《昌邑县志》中查得，徐河清是昌邑徐逢人，进士出身，历官至贵东兵备道，晚清画家，昌邑名流。卒于光绪三十年（1904 年），葬于邑之朱里，子孙颇多。此段透出的最重要信息是"进士出身"，予遂在《明清进士题名碑录索引》中查得："徐河清，山东昌邑清咸丰二年三甲 47 名。"咸丰二年即公元 1852 年，因清文宗（咸丰）登基而加开了壬子恩科。

　　一丛稀疏的兰花与一枝灵芝用草绳捆扎在一起，寓意芝兰同味，有"寿同松柏千年碧，品似芝兰一味清"的诗意。下边一丛兰花，密密的根和密密的叶子花茎，勾写不厌其烦，浓密厚重，有石涛的遗意。浓淡相宜，虚实相生，繁而不乱。中间大块面行书署款，先是题写两首七言绝句，诗左署名钤印。诗云：

　　仙草通灵笔有机，写来个个肉芝肥。

　　名花也喜□风拜，争向华堂祝古稀。

　　兄叨天禄弟天恩，蕙馥兰芬草一门。

　　我亦家声东海远，当年香祖本同根。

　　诗不见出处，画家有诗名，应是画家自咏。书笔极得苏东坡书的古雅遒逸和米芾书的挥洒浑劲。

"大河鉴宝"书画鉴定专家／于建华

清代　汪镛的《吕洞宾诗意图》

◎藏品档案

尺幅：148 厘米 × 42 厘米。

设色纸本。画题："归来饱饭黄昏后，不脱蓑衣卧月明。背摹文安国有此本，古吴汪镛。"钤印"谱笙"朱文。题诗录自唐末道士吕洞宾的《牧童》七言绝句中的后两句。

◎市场参考

汪镛此轴人物画，年头久，但品相极好，可谓真、精、新者也。此轴包手处有朵云轩文物公司的收藏标签和火漆，可知为上海百年老店朵云轩的庋藏之物，所以尤显得弥足珍贵。每平方尺市场估价为 3000 元～ 4000 元人民币，若遇着真心喜爱的收藏者，4000 元～ 5000 元一平方尺也出得的。

◎专家点评

　　汪镛初名铭，字笠甫，华亭（今上海松江）人，天资颖异，少从玉壶山人（改琦，1774—1829 年）游，山人以爱女小茶（允绵）妻之。"凡人物、花卉、山水，尽得其传。又时与松壶（钱杜）、裴舟（廖云槎）商榷讨究，所诣益进，晚复摒弃一切，专事山水，浑厚沉着，直追董其昌、王原祁之室。"（《中国美术家人名大辞典·汪镛》）

　　画中儿童着蓝上衣、白裤子，盘着腿坐在宽大的水牛背上，面目朝向扶牛老农，横着的长长的笛子比牧童半个身高还要长，虽然未见儿童眉目，但从其神态上可以窥出儿童耽于其中的享受劲儿，颇富童趣。水牛则通身浅墨，先以水墨细线勾出轮廓，然后用细笔密密地勾写，不知勾了多少笔。似乎画家有用不完的工夫，可以看出古人对待事物的认真态度。扶牛老农身披蓑衣，背着草帽，右肩扛着耙子，左手搭在牛背上，侧面看着牧童吹笛，一幅农家归耕看着牧童乐呵呵的画面。人和牛走在黄土青草之上，右前方是白墙和瓦屋，墙脚柳树高过屋顶，青青的柳絮随风飘拂。柳梢头上是一轮圆月高挂，月光淡黄，被周边淡蓝色的云彩包围着，好一幅春耕归来、童叟无忧、月挂柳梢的田园景致！画笔工致细腻，着色妍丽典雅，人物和动物造型准确，布景明快清爽。"文安国"为宋朝画家文勋，字安国，工画山水人物，苏东坡有跋赞其画扇。"谱笙"可能是汪镛的另字或别号，余曾在汪镛的一幅《华封三祝图》上看到过其署款"古吴谱笙汪镛"，钤印"谱笙长寿"朱文。

"大河鉴宝"书画鉴定专家 / 于建华

晚清 通才汤贻汾的《茅亭论道图》扇片

◎藏品档案

画家署题："旧见元人小幅，背临写赠研樵道兄大人雅属并正，雨生汤贻汾。"上款"研樵"，名张培敦（1772—1846年），江苏吴县（今江苏苏州）人，字研樵、砚樵，号胥江钓徒，鉴赏家，工山水、花卉，亦能行书。

◎市场参考

汤贻汾不但画能入品，又通百家之学，且精诸艺。若以"流"分，汤氏算是"二流"画家。其山水画目前的市场价位在每平方尺8000元人民币左右，花卉翎毛5000元～6000元一平方尺。这的确是不高的价位。

◎专家点评

此扇片乃雨金质地，原为成扇，用久出现折痕便拆开装池成了扇片形式。扇上本无标题，"茅亭论道"乃余之妄加，因为画中右下方大大的四角茅亭内围桌坐着两位束发博衣的高蹈之士，似在谈论一些道理，故由此命名。茅亭周边的古树翠竹，以水墨枯笔勾写，荒疏槎桠，极得元人倪云林的笔墨情趣。碧水远山，平坡杂草，淡远清旷，不着尘嚣，一派的清远淡逸之气。用笔松秀，清嘉中透着沉郁苍茫，表现出了高蹈隐逸之士不涉俗务，超迈清脱的情怀，让人陡起出世脱俗之思，也想进入画中去聆听两位高士的阔论交谈。写至此，余想到画家汤贻汾实在是悲剧式人物，其客居金陵（今江苏南京）时太平天国攻克城池，他竟阖门殉清廷而死。假若他有画中高士的情怀，也能远离尘世高卧林泉，总不至阖门自杀！

汤贻汾（1777—1853 年），字岩仪，号雨生，晚号粥翁、琴隐等。《中国美术家人名辞典》称其："凡天文、地舆、百家之学，咸能深造。书、画、诗、文并臻绝品。弹琴、围弈、击剑、吹箫诸艺靡不精好……书画仿董其昌，点染花卉，闲淡超脱，画梅极有神韵。间写松柏，颇能入古。山水所嫌境界细碎，无浑沦古厚之气……"汤氏山水所谓细碎，大概太过追摹倪云林的萧散淡逸，过于追求清远荒疏和逸笔草草了。不过以格调而论，汤贻汾的山水不求形似，"聊写胸中逸气"的风格还是能入画品的。

"大河鉴宝"书画鉴定专家／于建华

二、近现代水墨

民国　徐世昌下台后消遣作《梅花图》

◎藏品档案

尺幅：78 厘米 ×43 厘米。

设色纸本。梅花的取势是自左下斜上至右上角出枝，两头不见首尾。署别号"水竹邨人"，钤印"徐世昌印"白文，右下角钤了一方 50 个字的文印，印文曰："前年题名处，今日看花来。一作芸香吏，三见牡丹开。岂独花堪惜，方知老暗催。何况寻花伴，东都去未回。讵知红芳侧，春尽思悠哉。"印文录自白居易的《西明寺牡丹花时忆元九》。

◎市场参考

徐世昌虽为进士出身，又曾位居民国的大总统之职，但其书画水平未能入品，所以价位不是太高。2011 年上海涵古轩秋拍中投拍有一副他的草书七言楹联 156 厘米 ×32.5 厘米的尺幅，以 4 万 ~6 万元人民币的估价投拍，这副楹联大概 9 平方尺，算下来每平方尺 4000 元 ~6000 元。同场拍卖会中，又有徐世昌一幅名为《朱竹图》的 65 厘米 ×40 厘米的直幅，约 2.4 平方尺，也是以 4 万 ~6 万元人民币的估价投拍，粗算下来每平方尺约 2.5 万元。《朱竹图》的尺幅没有这幅《梅花图》大，但此图上有一帧诗堂，上面有两位名人挥题赞语，分别是台湾著名收藏家周墨南和清末举人、民国国文教授傅岳棻。加上诗堂，两幅的尺幅便差不多了。

◎**专家点评**

徐世昌生于清咸丰五年（1855 年），卒于民国二十八年（1939 年），天津人、民国风云人物。其离开大总统职位后，便赋闲在天津租界，成立编书处，又创诗社，以编书、赋诗、写字画画遣时。因有近二十年的诗酒酬唱、书画寄情，所以徐氏的书画作品流布较广。

2011 年 9 月 4 日，参加上海博古斋的艺术品拍卖会时，我又见到了徐世昌的手迹，是一幅绫本的《梅花图》，日式旧装。

此幅《梅花图》粗干以淡墨皴写点染，又出的细干淡墨勾写，皴以赭石加墨。嫩枝疏斜，以细笔中锋勾写。淡墨勾圈花朵，浓墨勾蕊点芯，略润以赭石。笔致挺劲清嘉，墨色鲜活灵润，笔墨很是纯熟，为行家里手之作。

"大河鉴宝"书画鉴定专家／于建华

民国　画家骆莲的《赏梅图》

◎**藏品档案**

画上署款："拟解弢馆法，奉云庄世长大人教正，子芗骆莲。"钤印"骆莲"朱文。

◎**市场参考**

中国画一般情况下山水人物的价格高于花卉翎毛，而人物画中工细的仕女价格又高出一些。此页扇片去年在上海道明某次拍卖会曾以 3450 元人民币成交，一般扇面不足一平方尺按一平方尺计算，那么骆莲的工细仕女也仅 3000 元一平尺就应市了，实在是便宜。实际上以骆莲这样的水平，其工细仕女当在每平方尺 5000 元～6000 元较为适恰。

◎**专家点评**

　　扇上妙龄仕女略带清愁，斜倚着圆形的窗沿，袖着双手，望着清隽逸雅、疏影横斜的红梅，颇有冷到梅花、艳到梅花之趣，让人忍不住吟出清朝诗人画家吴子重《梅花仕女图》中的绝句来：

　　玉容相对月华圆，欲问心期思悄然。

　　折取暗将侬貌比，是谁清瘦是谁妍。

仕女红装翠袖，弯弯细眉，含情双目，玉鼻红唇，意态甚是婉娜可人，让人怜爱不止，真的是梅亦清香，人亦清香，清逸冷香之气直扑弄花之人！至此，人想不陶醉都难。此处将清人谢兰生和吴子重的诗也录出，为这页《赏梅图》再添些清雅隽逸之气：

　　横斜疏影一枝芳，冷艳冰姿相映妆。

　　花本美人身后相，嗅来气味也同香。

　　画家施笔挺秀，设色典丽，体物精微，意境清远，极得华喦（字秋岳，号新罗山人，别署解弢馆）俊逸清新的艺术风格。骆莲字子芗，山阴（今浙江绍兴）人，民国间客居上海，工画山水人物，尤精仕女。

"大河鉴宝"书画鉴定专家／于建华

民国　海上画家张梓园的《岁朝集瑞图》

◎ **藏品档案**

尺幅：141厘米×69厘米。

画上点写有红梅、牡丹、天竹、盆松、水仙五种花卉植物，葡萄、柿子、百合、石榴、柑橘五种水果，用笔则是没骨勾写法，为小写意，花卉水果均设色。画风清逸幽峭，设色工稳秀丽。图上署款："丹翁督办姻世大人雅鉴，拟绘岁朝集瑞图，以介景福。海角遗民弟张梓园时年七十有五补画。"钤印"张氏梓园"朱文，左下角押"海角遗民"朱文和"佐治荆襄十八年"白文。

◎ **市场参考**

张梓园生于清道光二十九年（1849年），卒年不详，但他至少活至公元1936年，因为他有一幅《菊石图》上署款"丙子……八十七叟"。他在清朝任官二十余年，官名未响。清亡（1911年），寓居上海鬻画，始得享名声。近年其绘画投拍，几乎都是花卉作品，一般价位在每平方尺3000元人民币左右。此幅因是"博古"加"岁朝"，画面先拓后画，费工费时，且极考究，所以价格应该要稍高于其一般性的花卉作品。

◎ **专家点评**

　　"岁朝"为画题名。传统习惯称农历正月初一为"岁朝"。《后汉书·周磐传》："岁朝会集诸生，讲论终日。"注："岁朝，岁旦。"南宋李嵩所作《岁朝图》为宫廷用之年画，画面表现岁朝拜年互相祝贺之场景。明、清画家，尤其清末民国，在创作"岁朝"

作品时，多以"岁朝清供"和"岁朝集瑞"等冠名，图中往往画些松、梅、竹、牡丹、水仙、石榴、百合、柿子等，讨得口彩，现出喜庆，寓示新年吉祥如意、福寿延年。

此图为典型的"岁朝画"，画面喜庆吉祥，一派新春气象。而此幅亦为"博古图"，是杂画的一种，画家将图补画在拓出的器物之上，形成装饰效果，泛称"博古"。此幅上有两件青铜器和一块汉砖器物的水墨响拓，而五种花卉植物，均是补画在响拓器物之上的，所以这是典型的既"博古"又"岁朝"的"年"画。

图上署款中的"丹翁"是民国沪上名士、书画鉴藏家陆丹林的别号；"督办"一官在清末多见，任以大臣，主管各部门的特别监督和事务处理，有督办军务、督办铁路事物等名称。陆丹林（1896—1972 年），民国报人、美术活动家，似乎未入仕清朝，大概他在民国督办过报刊或学校，所以画家尊其为"督办"。"姻世"是中国民间对有婚姻关系的亲戚的称谓，"海角遗民"为张梓园的号。至于"佐治荆襄十八年"白文印，读者诸君看过《张梓园润例》便可明了。订例者乃晚清翰林、民国著名书法家李瑞清（张大千的书法老师），例曰：

张梓园名模，号鹭翘，江苏崇明人，由诸生承荫，初选湖北沙市通判，礼去政任襄阳办赈，为直鄂二督先后保奏，即授知州留省补用。梓园因仕途繁杂，愿以闲曹，隐荆襄垂二十余年。"政变"（1911 年辛亥革命）归里，诗卷画轴以外，无一长物，至今年逾古稀，两眼无花，而精神亦甚矍铄，家居之暇，惟以作画题诗，自娱晚景，其胸襟之旷达，迥异时流，雅擅长康三绝，故画意本乎诗情，清而腴、苍而秀，早岁已名重艺林。尝见所绘长条大幅，气魄沉雄，虽设色浓艳，豪无俗音绕其笔端，诚可贵也。

"余既偷生沪上，鬻书画作业且三年矣，先生亦来鬻画，先生本廉吏，与吾弟阿筠交最久，其画笔大似黄瘿瓢、赵撝叔之流，为定直例。"

"大河鉴宝"书画鉴定专家／于建华

清末民初至 黄山寿青绿山水画

◎藏品档案

尺幅：101 厘米 ×53 厘米。

画面松荫下溪边小路上，一着红衣戴阔沿圆帽的策杖高士踌躇向前，一副行迹高蹈的神态。灰衣小书童紧紧跟在后边。所写诗左署创作年代"丙辰秋七月"，画笔是"仿赵文敏笔法"，落名"武进黄山寿"。钤印"山寿"白文和"勗初"朱文，左下角押"江山为助笔纵横"白文。"丙辰"为1916年，黄山寿卒于1919年，乃画家晚年极精之作。"文敏"乃赵孟頫的谥号。赵孟頫山水悉造其微，穷其天趣，其韵味含蓄而丰富，黄山寿此幅颇得赵氏山水的神韵。

◎市场参考

黄山寿是大牌青绿山水画家，画名享誉海内。此幅又为其极精之品，且出自名店，又有大腕级人物题签，约4万～5万元人民币一平方尺，并且随着书画市场的更加火热，还会有不小的升值空间。

◎专家点评

黄山寿（1885—1919年）原名曜，字旭初，亦字勗初，别署勗初父，号丽生、旭道人、旭迟老人、鹤溪渔隐、崔溪外史、裁烟阁主、伯作鼎主人等，室名伯鼎斋，江苏武进人。《中国美术家人名辞典》称："官直隶同知。幼年贫困，一志于书画，书工唐隶、北魏及郑燮、恽寿平，得其神韵。画则人物、仕女、青绿山水、双勾花鸟及墨龙、走兽、草虫、墨梅、竹石，无一不能。五十后，鬻画上海。"

黄山寿此幅青绿山水写的是"吴门四家"之一唐寅的诗意，诗云：

长夏山村诗兴幽，趁淡多车碧泉头。

松阴满地凝空翠，肯逐朱门襁褓流。

画家署题唐寅之诗时把第二句"趁淡"改录为"趁凉"。"襁褓"指不晓事、不懂事。

画面人物虽为"豆人"，但由于画家造型准确，笔致纯熟，所以看上去极尽人物的内心世界。两棵巨松淡墨双勾，填色赭石，重墨点苔。松针浓墨细笔劲勾，笔繁针爽，润色花青。其中一棵松树还缠挂着古藤，更觉树老藤枯。浓重笔墨是青绿的山、白色的云和碧波荡漾的水。青绿的山几乎没骨，只是用极淡的墨先勾勒出山的轮廓，然后是一层一层的青绿湖蓝时或夹杂着金黄涂染，最后浓墨碎点苔点。蒸腾的白云以留白表现，略微淡墨依势勾勒，陡觉云雾的蒸腾流动状。溪水上多勾以波纹，与蒸腾的白云相呼应。另有杂树数丛、房舍半间，则又为画面增添了热闹气息。主色调的青绿和金黄，辅以白色的云雾，使画面异常翠绿和金碧。写青绿金碧山水，忌甜、忌艳、忌俗，黄山寿此中老手，最能跳出这"三界"。

"大河鉴宝"书画鉴定专家／于建华

民国　　陈旧村画《紫藤金鱼图》

◎**藏品档案**

尺幅：115 厘米 ×55 厘米。

设色纸本。紫藤水墨勾写枝条，略润染赭石。藤条缠绕飘拂，串花累妍赘紫，有如璎珞。干老花媚，殊可爱玩。笔力苍劲，色厚墨沉，妍雅明丽。红白相间的金鱼两尾，游戏水中，自由自在。署"旧邨作"穷款，这是陈旧村习惯署款，"邨"乃"村"之异体字。钤印"陈永"白文。陈旧村生年不详，卒于公元 1975 年，又有载其字号树云、如云、蕴石等。

◎**市场参考**

陈旧村画鱼相当著名，有"陈金鱼"之称誉（其创作的《鱼乐图》及《群鲤图》曾参加全国第一届、第二届美术展览），自然书画市场上他的鱼藻图卖得最好，且价格较高，一般在每平方尺四五千元人民币左右。此堂近 6 平方尺，市场价应在 2.5 万元左右。

◎**专家点评**

　　之所以称陈旧村为"民国著名画家"，是因为民国十四年（1925 年）上海碧梧山庄影印出版的《当代名画大观》和民国十六年（1927 年）上海书店线装影印的《近代名画大观》皆有数幅陈旧村的花鸟鱼藻和人物画收入。《民国书画家汇传》（台湾商务印书馆出版）称陈旧村："陈永字球琛、号旧村。江苏无锡人。工花卉，尤擅绘鱼。"

陈旧村最擅写鱼藻，有载其每次外出归来，必带一两条鱼，放置大缸中用以观察写生。同时，他还大量搜集各国鱼类画册以及收藏我国历代画家中画鱼的真迹，认为"无论画何物，必须写意与写实相结合，方能传神"。由此，这画上金鱼用笔轻灵鲜活，依草冲萍，极得浮沉追逐之趣，把金鱼的活泼灵动表现得淋漓尽致，颇见生动。

"大河鉴宝"书画鉴定专家／于建华

现代　"和尚头"扇骨的绘画成扇

◎**藏品档案**

扇骨长：32 厘米。
画的一面是民国画菊高手邓怀农的水墨折枝
《菊花图》，另面是曹舜铭的《海棠绶带图》。

◎**市场参考**

此柄"和尚头"扇骨的成扇，骨佳画妙，世
所稀有。"和尚头"扇骨虽然素面不加镶片，
但其比起同等材质的扇骨价格也要高出不少，
何况此"和尚头"上镶有温润澄洁的白玉两片，
自然价格更要高出许多，所以此柄成扇的价
格当在 2 万元人民币左右。

◎**专家点评**

　　"和尚头"亦称"圆头"或"大圆头"，即在扇骨的聚头处做成圆球形，有点儿
像剃光的脑袋，故称"和尚头"。聚头处的扇钉几乎都有两片球形镶片，材料一般用
象牙者为多，其他也有用玳瑁、玉翠、骨、角等材料的。点评的这柄"和尚头"用和
田白玉镶片，玉色雅纯，质地上乘。扇骨在手，把玩起来甚是愉悦舒心。"和尚头"
扇骨长度达到 30 厘米已倍受藏家青睐，而此柄扇骨的长度竟达 32 厘米，则更弥足珍贵。

　　扇上的两面绘画，一面是民国画菊高手邓怀农的水墨折枝《菊花图》，花开三朵，
含苞二朵，枝叶水墨清灵，在渗化效果不好的扇面上形成了墨分五色的奇特效果。古
人云："得笔法易，得墨法难；得墨法易，得水法难。"邓怀农的这枝墨菊，颇"得
水法"，润且秀，但又不模糊，明透而不轻薄，真是把水用活了。花和花苞皆淡墨双
勾，稍重的水墨点蕊，清寒洁逸，写出菊花的君子之风和孤标的气节。画菊往往会寄
托一种气质和品格，这墨菊上的画题"人淡如菊"，便是指出人要有菊一般淡然的风

神。宋人刘克庄有《菊》诗："羞与春花艳冶同，殷勤培溉待西风。不须牵引渊明比，随分篱边要几丛。"咏的便是菊花的孤傲。这画上的上款"菊仙先生点笔应教"，不但可从名字"菊仙"上窥出索画者的爱菊慕菊之情，"点笔"索菊更是一目了然。墨菊画于"辛巳秋"，据邓怀农生于公元1894年，卒于公元1986年断定，"辛巳"应是公元1941年。画题书法"雅近刘石庵"。

邓怀农，号问天室主、东皋老人，江苏如皋人，寄籍上海。有史料记载其"工书，善山水花卉，意在青藤白阳之间，潇洒出尘，无烟火气，书法雅近刘石庵，不落时径。自国难以来专济隐贫，恃其画以助膏火者甚多，故人恒以'画侠'尊之"。《上海市现代书画家名录》中赞邓怀农："山水水墨、青绿皆能，苍古厚重，生意盎然。书法雅近刘石庵，兼溯'二王'及明董其昌，而有自己的个性面貌，颇受人重视。"

扇子的另一面是曹舜铭的《海棠绶带图》。曹舜铭名不见有载，书法风神近邓怀农，是否邓氏的门生也未可知，如果说邓怀农的《墨菊图》是不设色的少少许胜，那么曹舜铭的《海棠绶带图》则是设色妍丽的多多许胜，总之都是佳妙之作。海棠花为花中上品，色香俱佳。画面上的秋海棠属草本植物，秋海棠妍丽妩媚，娇态可爱。明人王士骐有咏："弱质不禁露，幽怀欲诉风。空庭聊取媚，傍石若为容。"这诗中的秋海棠，颇像一位弱不禁风、娇慵善感的女子。海棠斜下的直枝上，卧着一只绶带鸟，鸟上设色，嘴和爪胭脂，头羽、胸和尾羽淡墨和赭石，背和腰稍重墨和赭石。绶带鸟精神抖擞，眼睛炯炯有神，似乎发现了什么而做出欲离枝的姿势。一看画题便知，原来这只绶带鸟在当护花使者。故云："涂抹新红上海棠，绿荫庭院锦屏张。翩翩绶带飞来护，不许游蜂去采香。"如此看来，画上的这只绶带鸟还挺自私，它卧于鲜花丛中享受花的芬芳，却不许人家去采香。画上署创作时间与另面相同，为"辛巳立秋日"，上款也同是"菊仙先生大雅正之"。署款书法意趣与邓怀农的书法颇为相近，以致我初拿起此扇还以为两幅都是邓怀农所作。

"大河鉴宝"书画鉴定专家／于建华

现代　海上画派名家季康的《梅花仕女图》

◎**藏品档案**

尺幅：35 厘米 ×28 厘米。

设色纸本。图上一枝淡墨勾写的梅花从画右横着进入画中，几乎平行着一直延伸至左边。立在梅花前的女子只画出上半身，似立在缥缈的云雾之中。画笔清嘉，墨色简逸，以清人改、费（改琦、费丹旭）之笔墨，传神宋人武、李（武宗元、李公麟）之意趣，实可宝玩庋藏之物也。画上署上款"淑萍夫人清玩"，落名"季康"，钤印"宁复"朱文、"季康"白文，右下角押"一切惟心造"朱文闲章。"一切惟心造"乃佛教《华严经》中偈语。

◎**市场参考**

这是幅一平方尺的小幅画作，书画作品有时候不能仅以尺论价，还应以质论价。此幅虽小，但堪称小小许胜大大许，所以应该比画家仕女平均市场价略高出一些，参考价为 1.5 万 ~2 万人民币。

◎专家点评

　　季康，生于 1913 年，卒年不详，字宁复，浙江慈溪人。《海上绘画全集·海上画家小传》云其："童年即学画，随叔守正来沪，见闻盖广。所作山水、花卉、仕女大进。抗战时，由浙赣湘桂而至滇，道途所见，皆入画囊。云南时有劳军艺，均热心参加，捐献颇多。当时驻昆明盟军曾延请季氏与孙福熙展览作品，表演画法，故其作品流传北美者不少。"台湾出版的《民国书画家汇传》云其："1949 年移居台北，时与名家切磋，其仕女画之美娇多姿，媲美龙眠、丹旭。""龙眠"是宋代杰出人物画家李公麟的号，"丹旭"是指清代著名仕女画家费丹旭。辞书能把季康仕女比美李公麟和费丹旭，足见对其称誉是极高的。

"大河鉴宝"书画鉴定专家 / 于建华

第五章
珍品荟萃的杂项鉴赏

第
一
节 ┃ 印记·徽章

明治二十七年　日本漆工行业竞赛奖牌

◎**藏品档案**

正面铸有"日本漆工会""第二次漆工竞技会"等字样，还明确标注有年款"明治二十七年"（1894 年）；背面，精细的花卉纹饰下有"三等赏"字样；章非常厚，侧面竟然也有字"日本莳会合资会社"。

◎**市场参考**

品相相当精美，是件不错的藏品。

◎**专家点评**

　　作为现代意义上的徽章，国内收藏市场上来自国外的藏品并不少。从这枚铜章透露的历史讯息来看，这是日本漆工行业内的竞赛奖牌。日本的漆器非常好，这样的竞赛看来在其时其地也相当有规模。

"大河鉴宝"杂项鉴定专家／于韬

晚清至民国时期 女中校徽徽章

◎**藏品档案**

此两枚徽章制作精美，品相上佳，均为铜质，烤漆工艺施珐琅彩。其中最为精美的一枚徽章为圣玛丽亚女中校徽，背面写有编号"15号"。

◎**市场参考**

随着徽章的历史文化含量被更多的人关注与认知，徽章的市场行情也在不断攀升，如今一枚好徽章动辄数千元，并仍有巨大的上升空间。市场参考价约4500元人民币。

◎**专家点评**

　　圣玛丽亚女中被称为贵族教会女校，与美国卫理公会创办的中西女中齐名。这枚校徽与另一枚上海第三女中校徽其实大有渊源。1952年，上海市教育局接管了圣玛丽亚女中和中西女中，把两校合并成为上海市第三女子中学。这两所中学培养出来的女学生大都谙熟社交礼仪，通晓英文，富于文学艺术的修养，具有上流社会淑女的风范，学生中名人辈出。两枚校徽风格迥异：圣玛丽亚女中的校徽是典型的民国风范，精美而小巧，色泽典雅庄重；上海第三女中的校徽制于20世纪50年代初，大红的底色，时代气息鲜明。

"大河鉴宝"杂项鉴定专家 / 于韬

民国　"东吴大学"校徽

◎**藏品档案**

此枚徽章呈三角形，顶部有链条连接圆形"东"字圆牌，经鉴定，是东吴大学学生佩戴使用的徽章。

◎**市场参考**

作为民国时期教会大学的徽章，此枚藏品具备典型的民国时期校徽的风格，有很高的收藏价值，市场参考价约 3000 元 ~4000 元人民币。

◎**专家点评**

　　东吴大学于 1900 年在苏州由基督教监理会创建，以宫巷书院为基础，在苏州天赐庄博习书院旧址上扩建为大学，第一任校长为孙乐文先生。它是基督教会在中国大陆创办的 13 所教会大学之一，为现在苏州大学的前身。

　　东吴大学创办之初，校址设于苏州，因苏州古属"东吴"地，东吴历来为钟毓之地，地灵则人杰，可造必多，故以命名。1952 年全国院系调整时东吴大学与苏南文化教育学院、江南大学数理系合并为苏南师范学院，同年定名为江苏师范学院，在原东吴大学校址办学。1982 年经国务院批准改办为苏州大学。

"大河鉴宝"杂项鉴定专家／于韬

民国　出入北洋总统府的徽章

◎藏品档案

这枚徽章为圆形，中心有"公府"字样，周边环绕图案，为铜质，施以珐琅彩。背面有两位数的数字编号。从徽章的设计、工艺、文字等来看，可以断定这枚徽章是民国时期北洋政府总统府的出入证。

◎市场参考

这枚徽章仅有"公府"二字，没有其他的标记或文字说明，带有一定的隐蔽性，作为最高出入证，稀有性高，有比较高的收藏价值，其经济价值也高于一般徽章。市场参考价约 5000 元人民币。

◎专家点评

　　北洋政府时期，"公"即指公共机构，当时的政府机构多用"公署"命名，省政府"省长公署"，县政府"县公署"，只有国家最高政府机构称"府"，"公府"即特指总统府。以徽章作为政府机构及各种职能部门出入证的现象不只是在北洋政府时期，在整个民国时期都普遍存在。许多机构不印发工作证，而以徽章作为身份识别物，工作人员佩戴徽章进出。如果丢失，还须登报声明作废，类似的声明在民国时期的报纸上很常见，这也从一个侧面佐证了徽章在当时作为身份识别物的重要性。

"大河鉴宝"杂项鉴定专家／于韬

民国　第七十七军佩戴使用证章

◎藏品档案

圆形，铜、珐琅质。正面由内外同心圆组成，外侧圆形留边，底色为红色，内侧的圆形被中间靠下的横条分为两部分。横条上有"132D"字样，底色为红色，字母 D 代表师。上部分为环绕青天白日的"第七十七军"字样，下部分为"证章"两字，上下部底色为珐琅。证章背面有"还我河山"以及"民国廿九年"字样，编号为 677。

◎市场参考

这枚证章是历史的见证，存世量少，具有很高的收藏价值。市场参考价约 3500 元人民币。

◎专家点评

　　第七十七军前身是西北军宋哲元部，1937 年 7 月，抗日战争全面爆发后，国民党军队进行整编时，将第二十九军第 37 师、第 132 师和师部特务旅合编组成国民革命军第五十九军。不久，又以第五十九军第 37 师、第 132 师扩编为第七十七军。冯治安任军长，张凌云任副军长，封裔忠任参谋长。

　　1937 年 7 月 7 日"卢沟桥事变"爆发，冯治安发出号令："为维护国家主权与领土完整，寸土都不许退，可采取武力自卫及断然处置。国家存亡在此一举，设若冲突，卢沟桥即是你们的坟墓。"冯治安亲临前线指挥，浴血奋战，以劣势的装备、阵地战配合游击战多次粉碎日军猛烈炮火的进攻，苦战约一个月，以重大的牺牲阻止了日本侵略军南进，给了侵略者沉重一棒。第七十七军的名字与"七七"事变日期不谋而合，也增加了这支英雄抗日队伍的传奇性。

"大河鉴宝"杂项鉴定专家 / 于韬

民国 国民革命军第二十路总指挥部证章

◎**藏品档案**

铜质，圆形。证章正面被下方两道横线分为三部分，上部底色为红色，中间有青天白日图案，围绕图案上方的是"国民革命军第二十路总指挥部"字样。中部底色为白色，上有"中华民国廿四年用"字样。底部为证章编号94。

◎**市场参考**

该种证章存世量稀少，具有很高的收藏价值。市场参考价约4000元人民币。

◎**专家点评**

　　国民革命军第二十路军，是"中原大战"末期，由张钫收编的一批河南籍士兵组成。张钫（1886—1966年），字伯英，号友石老人，河南新安人，辛亥革命元老、著名爱国人士。20世纪30年代，他出任国民党第二十路军总指挥兼任河南省代主席。抗日战争爆发后，受命任国民党第一战区预备总指挥，1938年调任国民党军事参议院副院长，后任院长。1949年底张钫在四川率部起义，此举对和平解放四川做出了贡献。

　　新中国成立后，张钫被推选为全国政协委员，1966年在北京病逝，享年80岁。

　　辛亥革命时，张钫参加陕西起义，任秦陇复汉军东路大都督，在豫陕边界与清军作战。当时豫西很多绿林队伍纷纷入陕协助其作战。因此，张钫在由绿林队伍发展起来的豫籍部队，如镇嵩军、建国豫军等部中有很大的影响力。

"大河鉴宝"杂项鉴定专家／于韬

民国　陆军第二十九军徽章

◎**藏品档案**

徽章为银质，保存完好，正面珐琅彩色泽鲜亮，刻有"喜峰口罗文峪抗日战役受伤纪念奖章"以及"为民族争生存而战，陆军第二十九军"的字样。背面配有别针，以方便佩戴，并刻有"民国二十二年三月九日宋哲元赠"的字样。

◎**市场参考**

这枚徽章是抗日战争时期徽章的一个代表，饱含民族情感，以其特有的历史价值，成为国人弥足珍贵的藏品。

◎**专家点评**

这枚徽章为陆军第二十九军颁发给喜峰口罗文峪抗日战役中受伤战士的纪念徽章。

第二十九军由张学良组建于1930年"中原大战"时期，军长为宋哲元，冯治安、张自忠、刘汝明分别担任军中第37师、第38师、暂编第2师的师长。喜峰口战役时间为1933年3月9日至4月13日，3月9日日军服部、铃木两旅团联合先遣队进犯喜峰口，第二十九军受命接管长城喜峰口的防务，战争开始。作战地点喜峰口在遵化县（今河北遵化市）东北约115华里（57.5千米），北距热河省平泉县（今河北省承德市平泉县一带）190余华里（约95千米），东有铁门关、董家口，西有潘家口、罗文峪。开赴前线之时，军长宋哲元写下了"宁为战死鬼，不作亡国奴"的誓言。当二十九军的先遣团赶到喜峰口时，日军的500余名骑兵已经到达长城脚下，中国勇士迅速投入战斗，挥舞大刀打退敌人，保住了阵地。二十九军大刀队也成为中华民族的骄傲。

"大河鉴宝"杂项鉴定专家／于韬

民国 高考银纪念章

◎藏品档案

高 3 厘米，宽 2.5 厘米，重 11 克。

材质为银，并配有环链及挂钩，方便佩戴。
这枚徽章呈方形，正面嵌有问礼亭图
案，背面嵌有国民党党徽及"中华民国
二十二年高等考试纪念章"字样和围栏
状图案，象征着高考的严肃性。

◎市场参考

这类徽章目前的存世数量已不多，在国
内收藏界并不多见，颇具收藏价值。专
家估价为 5000 元人民币。

◎专家点评

　　国民政府考试院是国民政府五院之一，1930 年 1 月正式成立，是国民政府最高考
试机构。图中"问礼亭"由国民政府考试院院长戴季陶建于 1933 年，亭内有一方刻有"孔
子问礼于老子图"的石碑，故而得名。据查，此章为考试院授证典礼中行礼领证后，
由接待员赠给获证者的纪念章。

"大河鉴宝"杂项鉴定专家／于韬

民国 西南联合大学教师与学生徽章

◎ **藏品档案**

这两枚徽章是西南联合大学（以下简称"西南联大"）教师与学生佩戴使用的徽章。

西南联大教职员佩戴使用的徽章，呈倒三角形，珐琅蓝底黄字。徽章顶部的一条黄色横线将徽章分割为两部分，上部分刻有"国立西南联合大学"字样，下部分刻有"联大教职员"字样。联大学生佩戴使用的徽章，呈倒三角形，白字黑红底，镶白边。从校徽设计来看，整个徽章分为三角形的三等分，代表清华、北大、南开三校的大联合，三个三角形紧紧相依代表"三校合一"，以示同心抗战、教育救国。

◎ **市场参考**

这两枚徽章相互印证，是西南联大精神的实物代表，其中教职员徽章存世稀少，具有很高的收藏价值。

◎ **专家点评**

"卢沟桥事变"后，日本帝国主义发动全面侵华战争，为保护中华民族教育精华免遭毁灭，华北及沿海许多大城市的高等学校纷纷内迁。其中最为知名的是清华大学、北京大学和南开大学，这三所大学于 1937 年 11 月 1 日在岳麓山下组成了长沙临时大学，之后于 1938 年 4 月南迁至昆明，成立了西南联合大学，成为当时中国最高学府，代表当时最高教育水平。由原北京大学校长蒋梦麟、清华大学校长梅贻琦、南开大学校长张伯苓三人轮流担任常委会主席。1946 年 7 月三校复校。

徽章的整体设计为三角形，暗含稳定的意思。正如当时的西南联大，不但在战争中保护了当时的教育成果，更加保护了众多的知识分子。其间，前后任教的教授有朱自清、梁思成、沈从文、闻一多、林徽因等 300 余人，他们都是各个学科、专业的泰斗级专家。这枚徽章是不是他们其中一人佩戴过的，如今已无从查证。但当时的教授以及他们培养出的人才，却为中国的教育与发展做出了极大的贡献。

"大河鉴宝"杂项鉴定专家 / 于韬

新中国成立初期 剑桥校徽

◎**藏品档案**

这枚铜质徽章造型为等边三角形，边长 3.1 厘米，镀铬烤漆工艺，金色的漆已脱落许多。正面有英文 "CAMBRIDGE COLLEGE OF ENGLISH"，下边为中文"剑桥"二字，上边有一颗红五星。背面有编号"319"。徽章整体造型优美规整，色彩构图舒适大方。

◎**市场参考**

此徽章体现出历史痕迹，是早期中外文化交流的印证。专家估价 3000 元人民币。

◎**专家点评**

　　红五星表明为新中国成立后所铸，然而三角形又带有民国遗风。民国时期的校徽造型以三角形为主。这一风格在新中国成立初期得到延续，当时许多学校的校徽仍采用这种造型，因此断定这枚徽章应为新中国成立初期的藏品。

　　从内容上分析，剑桥中英文同时出现在徽章上，有几种可能：一种可能是此为中国留学生在剑桥大学的联谊会的徽章；二是此为剑桥留学生归国后的同学会所用；三是剑桥在中国招生，针对中国学生铸造的徽章。确切的历史信息有待进一步从史料中寻找。

"大河鉴宝"杂项鉴定专家 / 于韬

第二节　雅玩·文房

唐代　澄泥凤池砚

◎**藏品档案**

长 17 厘米，高 4 厘米。

灰黄泥色，全品无损伤。型制为唐代传统陶砚中的凤池造型，做工精细，秀美大方。无论是砚首凤池还是下面的支脚，做工都精细得无可挑剔，整体线条流畅，胎泥细腻。

◎**市场参考**

唐代的砚，不论什么材质，能保存到现在都很不容易，在现代的收藏市场上，一方好的唐代砚价格能达到上百万元人民币。但大多的砚价格并不高，多在几千元到几万元之间。主要原因是有眼光、能认识的藏家太少，但不久后这种情况一定会有所改变。这件唐代澄泥凤池砚现在的市场价格在 5000 元 ~1 万元之间，收藏潜力还是非常大的。

◎**专家点评**

　　澄泥砚是我国四大名砚之一，据传始烧于汉，唐宋时期最为兴盛，而后历代皆有烧造。尤其以中国北方的山西新绛县与河南陕县烧造的最为有名，分别名为绛州澄泥砚与陕州澄泥砚，唐时列为贡品，后与端砚、歙砚、洮河砚并称中国四大名砚。

唐代时的澄泥砚亦属陶砚类，不过材质所选非陶土而是黄河澄泥而已。唐代澄泥砚的造型与陶砚类似，以简洁大方为主。有马蹄形、簸箕形、宝莲头形、风池形等，但主要以箕形造型为主。另外还有一些为仿动物造型，如陶龟形、陶凤形等，不过这类砚存世很少，属于较珍稀的品种。

据个人收藏经验来看，唐代时的歙砚极少，而洮河砚在唐代时几不可见，当时中国的经济文化重心在西安与洛阳一带，而在此所出土的古砚中，有端砚、澄泥砚，还有一种数量较多见的为陕州制下的虢石砚。这种砚石色、质与端砚类似，唐时皆称紫石砚，据史载，唐时亦为贡砚。还有一种就是大量烧造的陶砚了，四大名砚之说应源于宋。如此看，唐四大名砚中应没有洮河砚，而虢石砚和陶砚则很有可能是其中之一。

"大河鉴宝"陶瓷鉴定专家 / 乔红涛

明代　"兰亭雅集"紫端观赏大砚

◎藏品档案

长26厘米，宽16厘米，高8厘米。

砚作长方形，石质细腻幼嫩，包浆厚重润亮，色泽紫中泛红，沉凝古雅。以当年兰亭集会的盛况画面及《兰亭集序》文入砚，且以观赏为主，属文人观赏砚，故名之为"兰亭雅集"紫端观赏大砚。

◎市场参考

此砚形制较大，材质上佳，刻绘精美，书艺高超，尤为难得的是具有名人题铭，文化内涵丰厚，因而弥足珍贵，极具观赏与收藏价值。市场参考价约15万元人民币。

◎专家点评

东晋穆帝永和九年（353年）三月三日上巳节，王羲之与友人谢安、孙绰、许询等一代文人名流四十一人，于山阴（今浙江绍兴）兰亭会聚"修禊"（在水边被除不祥），临流畅饮，赋诗抒怀，是谓"兰亭雅集"。为纪念这次风流雅士的盛大集会，王羲之将诸人所赋诗作汇编成集，并作序文《兰亭集序》。《兰亭集序》以书法和文学的双重美誉流传千古，其书法雄秀自然，如"清风出袖，明月入怀"，被历代书家推为"天下第一行书"。

砚台正面居中是平整微凹的砚堂，上方以浅浮雕及镂雕技法刻绘王羲之携一书童站在阁楼之上凭栏远眺，俯瞰自然万物的情景。砚堂四周以山石树木、亭台楼阁、小桥曲水相映绕。曲水流淌之处依形凿成凹坑，自然形成墨池，设计颇具匠心。砚台前后左右四个侧面均以浅浮雕技法再现王羲之等文人名流，在群山环抱之中、于茂林修竹之间，临清流而列坐，对曲水流觞赋诗饮酒、畅叙情怀的欢乐情景。整个画面雕刻人物达 39 人，人物虽多，但其形象不同，神态有别，各具风采，栩栩如生。

砚底内凹，用阴文楷书自左至右分 12 竖行铭刻出王羲之《兰亭集序》全文，共 324 字，字体稳健遒劲，气脉贯通，犹如一气呵成。文末用阴文篆书落"吴宽"及"原博"两方名、字印款。吴宽 (1435 — 1504 年)，长洲（今江苏苏州）人，字原博，号匏庵，明代诗人、散文家、书法家。其诗文和平恬雅，颇具典则，兼工书法，诗文及书法俱学苏东坡。

"大河鉴宝"玉器及杂项鉴定专家 / 张保龙

◇━━━━━━

明代　二乔并读图竹雕笔筒

◎**藏品档案**

高15厘米，口径13厘米。

这只竹雕笔筒通身包浆厚重古雅，竹色紫润凝重。笔筒以老嫩适中、致密坚实的楠竹为材，运用深刻兼高浮雕技法精心雕制而成。笔筒周身通景雕刻，主题画面为二乔并读图。二乔右方，是假山岩穴之下一位家童扇炉烹茶的场面；左方则为湖石兀立、芭蕉掩映、茶台罗列茗壶杯盏的场景。画面既主次分明，安排有序，又互相呼应，相辅相成，有机地构成一幅浑然一体、恬静清雅的二乔并读通景图。

◎**市场参考**

竹，"未出土时便有节，及凌云处尚虚心""依依君子德，无处不相宜"，是中华民族优秀品格和高尚情操的象征。因此画意高远、精致古雅的古代竹刻笔筒，虽为文房小器，却一向深得文人雅士的青睐，一直为文玩收藏家所钟爱。明清时期是竹雕的巅峰期，竹雕笔筒尤为珍贵，其市场价位也明显高于其他时期的同类作品。因此，这只明代二乔并读图竹雕笔筒，具有较高的收藏价值与升值潜力。市场参考价约15万元人民币。

◎专家点评

　　二乔乃东汉末年乔公的两个女儿，庐江郡皖县（今安徽潜山）人，（"乔"，《三国志》中作"桥"），因芳名失载，只好以"大乔""小乔"来称呼。二乔天生丽质，明艳照人，为绝代佳丽。陈寿《三国志・吴书・周瑜传》记载："从攻皖，拔之。时得桥公两女，皆国色也。策自纳大桥，瑜纳小桥。"明代高启《过二乔宅》云："大乔娉婷小乔媚，秋水并蒂开芙蓉。二乔虽嫁犹知节，日共诗书自怡悦。"这对姐妹花同时嫁给两个天下英杰，郎才女貌，谐成伉俪，两情相惬，恩爱缠绵，堪称美满姻缘。可惜孙策和周瑜均年寿不永，二乔美人命薄，余生悲凉，这便有了二乔并读，聊以解忧的传说。相传唐朝诗人杜牧曾在长江边上拾得一把铁锈斑斑的长戟，洗净之后发现为三国时期遗物，不由感慨赤壁之战，关系天下大势，初只因两位绝代佳人而起，终导致天下三分鼎足而立，不由随口吟咏出七言绝句一首："折戟沉沙铁未销，自将磨洗认前朝。东风不与周郎便，铜雀春深锁二乔。"

　　这只笔筒的主题画面，以深刻兼高浮雕技法，生动地再现了二乔姐妹捧书共读的静雅场景。在庭院清幽的背景之中，在假山蕉叶的掩映之下，姐姐大乔端坐圆杌之上，背依栏杆，手捧一书专注阅读，所读为何书，则不得而知。妹妹小乔则手持如意，偎坐旁边，一边探视书卷内容，一边似在窃窃私语。其情其景，让人动容。姐妹两人均头绾精巧的发髻，瓜子脸形，凤眼樱唇，细眉入鬓，长裙曳地，体姿曼妙，楚楚动人。

　　该笔筒整体构图严谨，画面烘托出恬静清雅的书香气息。由于画面截取的只是典型的局部场景，因而产生出画外有画、景外有景的艺术效果。人物刻画细腻，形象圆润饱满，生动传神。运刀娴熟准确，刀工爽快利落，切面平整光滑，干净无茬。画面层次丰富，立体感强，具有鲜明的嘉定派竹刻之艺术风格，当属明代晚期嘉定派竹刻高手的艺术杰作。历经数百年岁月，尚能有幸留存至今，殊为不易，弥足珍贵。

"大河鉴宝"玉器及杂项鉴定专家／张保龙

清中期 高浮雕云海五龙纹紫檀笔筒

◎**藏品档案**

高 24.5 厘米，直径 20 厘米，重达 5 公斤。

材质为紫檀木，综合运用高浮雕、镂空、开丝、掏膛及磨光等技法，一木整雕而成。笔筒采用满工高浮雕纹饰，周身通雕云海五龙纹。

◎**市场参考**

此紫檀笔筒，材质珍贵，形体硕大厚重，通雕满工，工艺繁复，纹饰祥瑞，具有很高的艺术观赏性和收藏价值。依据近些年国内艺术品拍卖及古玩市场行情，给出保守参考价约 100 万元人民币。

◎**专家点评**

　　这件笔筒，用材厚重，形体硕大。木质细腻坚重，纹理纤细浮动，富于变化。上部浮雕飘浮流动的如意头流云纹，象征高旷深远的天空；下部雕饰波涛翻卷的海浪，象征汹涌澎湃的大海。经过漫长岁月的自然氧化及人手抚摸时油脂的浸润滋养，笔筒表面已形成一层厚润的包浆，乌亮如犀，柔和似绸，悦目而养眼。颜色也由最初的紫红色渐变为深沉凝重的紫黑色，在自然光线的映照下，色调庄严静穆，极具皇家的华贵气派。

在云海之间浮雕出一座居中的龙王庙和五条巨龙。龙王庙上方作为构图的中心位置，雕一条正面盘坐、至尊无上的主龙，两侧则各陪衬两条游龙，主体突出，主次分明。主龙须发纷竖、睛目圆睁、张喙伸舌、张牙舞爪，形象威猛，气势夺人。两边腾游之龙或屈身回首，或昂首摆尾，均神采飞扬，目视主龙，形成众星拱月之势。龙身或作"S"造型，或作"W"造型，极尽屈曲变化之能事；姿态则或扭动，或翻卷，极力营造腾游飞舞之动势。刀法亦丰富多变：纹饰空白处和云头低凹处以铲地技法处理，以突出龙身的立体效果和云头的圆润饱满；龙鳞则以圆刃雕刀錾出，以表现匀密有序的逼真效果；波涛与龙发、龙尾用开丝工艺完成，或用集束细线，或用分绺阴线，绝不雷同；龙角、龙须则用圆雕雕出，以表现其鲜明的立体效果。一鳞一爪，一波一云，均能区别对待，各尽其妙。纵观整器纹饰，云翻浪卷，神龙出没，动感强烈，栩栩如生。且能给人以密满有序、回环无穷之感。整个图案传达出"海阔天空，龙腾盛世"的美好寓意。依据材质、工艺、纹饰、色泽及包浆综合判断，此笔筒属清代中期作品。

紫檀生长极其缓慢，素有"百年寸檀"之说，且"十檀九空"，利用率极低。用紫檀制作笔筒，要求甚高，尤为不易；直径超过15厘米的笔筒，往往需要生长数百年的紫檀树心材才能做成。像这样的紫檀笔筒，至少需要生长上千年的紫檀心材方能做成，实属少见。

紫檀木材质坚硬，甚难雕刻。表面抛光更为不易，纹饰的低凹及缝隙处，有时甚至需要用细小的竹片或竹签伸入其中一点点打磨完成。制作这件纹饰繁密、打磨光润的紫檀笔筒，需要付出大量的艰辛劳动。

"大河鉴宝"玉器及杂项鉴定专家／张保龙

清中期　竹根雕百梅迎春笔洗

◎**藏品档案**

长11厘米，宽9厘米，高4.5厘米，略呈椭圆形。整个笔洗以中空的梅桩造型为主体，其上生出两枝古朴苍劲、间生疤节的梅枝。梅枝从两边屈曲盘绕，交错穿插，向一处合拢交织成椭圆形。其上又旁逸斜出许多小梅枝，枝上梅花层出不穷，千姿百态，生动逼真，艺术地展现了梅花开放的过程，呈现出百梅闹春的勃勃生机。宋代画家杨补之画有《四梅图》，通过四种不同的花姿，绘出了梅花开放的全过程。显然，这件笔洗的作者受到杨补之绘画艺术的启发。

◎**市场参考**

此笔洗构思巧妙，工艺精绝，文化韵味浓厚，品相完美。市场参考价约4万元人民币。

◎**专家点评**

此笔洗充满深厚的中国传统文化的内涵：以竹根为材料，以梅花为纹饰，梅与竹结合，号称"梅竹双清"；以百梅为题材，其中蕴含着梅花"傲霜斗雪，不畏强暴"的精神与"只为百花报春回，不与群芳争春光"的高风亮节。

在工艺上，此笔洗使用圆雕兼镂空技法。圆雕作品要求从不同角度观看，均须达到最佳艺术效果。所以，其雕刻难度远在平面雕、留青雕、薄意雕以及浅浮雕等所有竹刻技法之上，素有"鬼斧神工"之誉。据其雕技水平和艺术风格判断，此笔洗极有可能出自嘉定竹刻名家封锡禄之手，堪称古代竹雕艺术珍品。

近十多年来，古代文房清供，主要包括小型文房用具和案头工艺摆设，如笔筒、臂搁、笔洗、砚匣、花插、瓶、盒、杯、盅及仙佛雕像等，因其深厚高雅的文化内涵、浓郁的书卷气息、精妙绝伦的雕艺水平，已成为古玩市场的宠儿，备受收藏爱好者的青睐，价格不菲，且呈逐年攀升的势头。

"大河鉴宝"玉器及杂项鉴定专家／张保龙

清中期　竹节形紫檀浮雕竹报平安图笔筒

◎藏品档案

高 17 厘米，口径 10 厘米 ×8 厘米，底径 9.2 厘米。壁厚 2.5 厘米，重 840 克。

这件紫檀笔筒选用顶级小叶檀精心雕琢而成，材质致密细腻，坚重如铁；色泽深沉静穆、紫黑润亮，宝光流溢；密集的"鬃毛眼"如夜幕繁星，稠密的牛毛纹细、曲、短、密，又似雨丝划过玻璃，纹理美妙而华贵；口面、底面光亮如镜面，光可鉴人。在构图与雕技上，采用中浮雕通景雕刻。

◎市场参考

该笔筒材质极优，雕工高超细致，构图别具匠心，图案寓意吉祥，是难得一见的清中期"文房珍宝"，具有很高的观赏、收藏价值与巨大的升值潜力。市场参考价约 30 万元人民币。

◎专家点评

　　紫檀，学名檀香紫檀，俗称小叶檀（实际是指鬃毛眼细小，应叫小眼紫檀），是世界上最为名贵稀有的木材之一。紫檀以其深沉、静穆、古雅的色调，坚重无比、永不翘裂变形的品质，华贵美妙的纹理，幽黑润亮的宝光，充分体现出君临天下的"木中王者"之风与尊贵无比的皇家气派。因此，明清两代皇家御用家具均以紫檀木为首选和主项，并禁止流入民间。所以，千百年来，紫檀一直位居万木之首。入清以后，宫廷的宝座、龙案、龙床和坐具等均大量使用紫檀，明代宫中剩料很快用光，而南洋群岛紫檀木尚"粗不盈握，节屈不直，多不适用"，来源枯竭。至清代中期，国内紫檀木随之告罄。如今国内市场上真正的明清紫檀家具和器物已难觅踪影，在国内外各类艺术品拍卖会上，老紫檀家具器物的价格一路飙升，居高不下，动辄几十万元、几百万元乃至上千万人民币。

笔筒整体为一竹节造型，竹节根部挺出一枝新篁，旁生一茎竹笋，竹笋层层包裹、粗硕肥嫩；新篁向上分出三茎嫩竹，竹节历历分明、坚劲挺拔，竹叶舒展洒脱、层叠掩映；右边一对鹌鹑鸟在翻飞嬉逐，姿态轻盈灵动，极具动感，眼睛互视，极为传神，翎毛、脚爪、眼睛、尖喙之雕刻一丝不苟，细致入微，形象逼真，活灵活现，有呼之欲出的艺术效果。尤为令人叹服的是，雕刻者对细节部位的别具匠心的处理：一是笔筒的口部并没有简单地处理成光面，而是雕刻成自然断开的竹节之间的横膈膜的形状；二是在笔筒的背面精心刻画出几片虫蛀痕迹，从而最大限度地提高了作品的逼真效果。由此不难看出雕刻者观察生活之细微，雕刻技艺之高超。抛光技术也十分精细周到，就连笔筒内部和口部的竹节横膈膜也进行了磨光处理。

笔筒以竹节为造型，以翠竹为纹饰，体现了笔筒作者及其主人对竹子"有节""虚心"可贵品性的仰慕与追求。把竹子与鹌鹑同时放入画中，则是为了借"鹌"与"安"同音相谐的寓意，表达出"竹报平安"的美好愿望。

这件笔筒的图案内涵源自传统寓意纹样"竹报平安"。《酉阳杂俎续集·支植下》中记载："北都惟童子寺有竹一窠，才长数尺，相传其寺纲维（主管僧寺事务的和尚）每日报竹平安。"古代民间亦有用竹筒投寄家书的做法。后以"竹报平安"指平安家信，也简称"竹报"。后来从除夕到元旦，家家户户燃放纸卷的爆竹，意在驱邪魔，迎平安。故有"爆竹声中一岁除"或"爆竹一声除旧，桃符万象更新"等诗句。民间吉祥图案则以画竹或儿童放爆竹为多，寓意平安。

"大河鉴宝"玉器及杂项鉴定专家 / 张保龙

民国　"宣武上将军奖品"白铜墨盒

◎**藏品档案**

长 8.5 厘米，宽 6 厘米，高 2.7 厘米。

盒盖正面是手刻"宣武上将军奖品"字样，四边棱角分明，盒盖与盒槽结合紧密，墨盒保存完好。

◎**市场参考**

这个"宣武上将军奖品"墨盒具有很高的代表性，是一个历史时期的缩影，值得珍藏。

◎**专家点评**

　　"宣武将军"为将军名号，也用作武散官名。将军府将军是由将军府所设的荣誉称号，由大总统在陆海军将领中特任。最初分为上将军、将军（冠字）两等，自 1919 年底增设无冠字将军。1914 年至 1928 年间被授予将军称号的共 500 余人。

　　冯国璋（1859 — 1919 年），字华甫，河北河间人，北洋军阀首领之一，曾任中华民国代总统。袁世凯当上民国临时大总统后，冯国璋于 1912 年 9 月出任直隶都督兼民政厅长。二次革命爆发后，冯国璋任江淮宣抚使兼北洋军第二军军长南下镇压，于 1913 年 9 月 2 日攻占南京。12 月 16 日冯国璋出任江苏都督，同年晋升陆军上将，后又授以宣武上将军名号。这个墨盒是冯国璋出任宣武上将军时奖给自己部下的。

"大河鉴宝"杂项鉴定专家 / 于韬

第三节 ｜ 珍品·摆件

元代　檀香木雕释迦牟尼坐像

◎**藏品档案**

高 25 厘米。

这尊释迦牟尼坐像系用印度老山檀精雕细刻而成。木质细腻，包浆厚润，经过漫长岁月的自然氧化和世代供奉的香火的熏陶，其表面色调已转化为深沉凝重的棕褐色，并伴有淡淡的幽香。由于佛像正面经常擦拭与抚摸的原因，面貌十分光润，泛出黯然之光。底部与背面则腐朽程度较高。

◎**市场参考**

檀香木气味芳香而独特，在佛教中具有特殊意义，历来是制作佛像的名贵原料。这尊檀香木雕释迦坐像，材质珍贵，雕刻精美，年代久远，存世稀少。对于研究元代佛教文化和造像艺术，了解印度、尼泊尔等国佛教对我国佛教的影响，具有重要的文物科研价值。市场参考价约 30 万元人民币。

◎**专家点评**

释迦牟尼坐像上身坦露搭帔帛，下着束腰长裙，衣纹皱褶自然流畅。右手施"降魔印"，结跏趺坐在长方形束腰须弥座之上的仰、覆莲双层莲花座上。头饰螺发，顶有肉髻，两耳垂肩。脸型小而下宽，两颊圆润饱满，弯眉大眼，高鼻薄唇，双目微眍，神态安详，"梵"味十足，具有典型印度人的相貌特征和浓重的尼泊尔佛造像的艺术风格。

佛身背后装饰莲瓣形（舟形）"背光"，佛头后面饰有圆形"头光"。背光用浅浮雕技法依次雕出缠枝宝莲纹、连珠纹、莲瓣纹、火焰纹等四重纹饰。头光亦用浅浮雕技法自内向外雕饰出连珠纹、光环纹等纹饰。整座雕像雕刻均异常精美，打磨十分光润，法相庄严慈祥，生动而传神。依据法相特征和造像艺术风格判断，这尊檀香木雕释迦牟尼坐像系出自元代并深受印度、尼泊尔佛教造像艺术影响的能工巧匠之手，也不排除是来自印度或尼泊尔的舶来佛像。

"大河鉴宝"玉器及杂项鉴定专家／张保龙

明代　圆雕九如意奇楠香摆件

◎**藏品档案**

长 8.8 厘米，宽 4 厘米，高 8.5 厘米，重 45 克。

这件明代奇楠香摆件，全器选用一整块越南软丝紫奇楠香材，运用圆雕工艺雕琢而成。表面包浆润亮，色泽棕黑，油线细密清晰，有溢油之感。

◎**市场参考**

这件古董级圆雕奇楠香作品的价值，不仅体现在材质珍贵、香韵神奇和具有不可再生性几方面，而且体现在其承载的传统文化内涵及巧夺天工的艺术水平上。此外，其年代的久远和品相的完美以及它所耗费掉的潜在的香材数量，均体现出它价值的丰富性及价格的刚挺性。市场参考价约 50 万元人民币。

◎**专家点评**

　　沉香号称"众香之王"，自古以来就是非常名贵的香料和药材，亦是雕刻高档工艺品的最上乘原材料之一。沉香香味奇妙，色泽深沉，质地较粗，难以精雕细琢，但成品风格酷似犀角雕品，古朴雅致，沉静凝重，且具鼻观养生之妙用，因此其名贵程度远高于犀角雕品。由于沉香原料的珍贵稀缺性和雕刻工艺的特殊复杂性，沉香雕刻作品平日里难得一见。奇楠是沉香中的至珍，古人云："三世修得善因缘，今生得闻奇楠香"。古代的奇楠香雕品，更是寥若晨星、稀如麟凤，若想一见，需要缘分。

　　此摆件虽历经数百年岁月，如今依然香气袭人。仔细嗅辨其香韵，于香甜清凉之中，散发出一股类似陈年老酒的醉人醇香，令人畅爽陶醉、欲飘欲仙，奇妙感受，难以言表。其造型为一丛茁壮生长的九朵灵芝（前八朵后一朵），灵芝大小不一，高低错落有致，前后层次分明，枝梗之盘曲挺拔，菌盖之肥厚舒张，菌面之褶皱纹理，均雕刻得细致入微，逼真而生动。更令人叫绝的是，在左下方的灵芝下面，又雕刻出一对圆肥可爱的鹌鹑，两只鹌鹑伸颈瞪眼，紧紧啄住同一条虫子，身体后倾，用力撕扯，你争我夺，互不相让。其姿态动感强烈，神情活灵活现，雕技巧夺天工。灵芝是传说中的仙草，它形似如意，因此象征吉祥如意、健康长寿。九是阳数之最，又与"久"谐音，鹌鹑代表平安，因此，这件奇楠香的造型象征着"万事如意""平安长寿"。

　　奇楠香价格极为高昂，现在的沉香雕刻大师在完成一件奇楠雕品时，均以随形微雕、薄意雕为基本技法，以最大限度地减少香材损耗为原则，能少雕就少雕，能不雕则不雕，可谓惜香胜金。这件奇楠香摆件的主人为了追求巧夺天工的逼真效果，显示其雄厚的财力，竟然不惜采用最为浪费香材的圆雕工艺来完成作品，其豪奢之举，令人惊叹。

"大河鉴宝"玉器及杂项鉴定专家 / 张保龙

明代　海南黄花梨棋桌桌面

◎**藏品档案**

桌面长 84.7 厘米，宽 84.7 厘米，桌面边框厚 3.7 厘米，重 12 千克。

全部用海南黄花梨和榫卯结构制作完成。材质为老油黎，油分甚佳，有淡淡香味。桌面包浆厚润，表面的"玻璃浆"具有很强的"透润感"。纤细浮动的纹理柔美若行云流水，似山峰重峦，清晰而美丽。通体有许多奇妙的圆浑似钱的"鬼脸"以及水波纹。金黄、褐红与紫褐交融的色泽不静不喧，柔和而悦目。桌面四周起拦水线，攒边，穿枨，全榫卯结构，工艺精湛，制作考究。

◎**市场参考**

古代黄花梨棋桌很少留存于世，就目前所知，世界上只有少数博物馆或私人收藏中存有黄花梨棋桌。中国嘉德 2010 年秋季拍卖会上一张清代黄花梨高束腰可拆卸棋桌的实际成交价高达 784 万元。这张海南黄花梨棋桌桌面材质珍贵优良，面板直径巨大，做工精细考究，存世稀少。市场保守参考价约 100 万元。

◎ **专家点评**

这张桌面的背部构造与普通桌面的背部构造明显不同，平平光光，没有任何与桌腿衔接的榫眼。由此可知，这不是普通书桌、饭桌或茶桌的桌面，而是珍贵稀少的棋桌桌面。棋桌桌面是活的，使用起来相当方便，且具有多种功能——下棋时将其从棋桌上取下，下方的棋盘、棋盒与棋子便显现出来；不下棋时将其放回棋桌上面，便可以之作为书桌、饭桌或茶桌使用。现在如果配上一副固定架构的可以折叠的四条桌腿，便是一张完整的可以分合的桌子。

尤为难得的是，桌面为"两拼"板，而其中的一块大面板的直径竟达47厘米，实属罕见。海南黄花梨生长十分缓慢，虽经百年仍粗不盈握，直径超过15厘米的海黄心材，需要生长数百年，心材直径超过20厘米的即为大料，超过30厘米的则十分少见。而这张棋桌桌面的大面板需要千年以上的黄花梨心材方能做成，因此，十分珍稀。

黄花梨，学名降香黄檀，在全球范围内，仅产自中国海南岛吊罗山尖峰岭低海拔的平原和丘陵地区，是仅次于紫檀的极其珍贵的木种。黄花梨材质细密，色泽黄润，不静不喧，香气怡人；纹理或隐或现，柔美若行云流水；疖疤处圆浑似钱，花纹酷似"鬼面"，尤为奇妙珍贵。因而黄花梨成为明清时期名贵硬木家具的主要用材，备受人们喜爱。

"大河鉴宝"玉器及杂项鉴定专家／张保龙

明末清初　合香十罗汉

◎**藏品档案**

每尊罗汉高 11 厘米 ~ 13.6 厘米，重 190 克 ~ 262 克。

这十尊罗汉便是用精心配制的复合香料，通过手工捏塑的手法制作完成的合香罗汉。

◎**市场参考**

这十尊合香罗汉材质珍贵，气味芳醇，形象生动，存世稀少，具有深厚的佛教香文化内涵及保健养生之功效。其市场参考价约 10 万元人民币。

◎**专家点评**

    人类使用天然香料的历史极其久远。中国人熏香的历史最早可以追溯到6000多年前的燔木升烟的"燎祭"，春秋战国时期已开始利用香料植物。进入汉代，随着"陆上丝绸之路"和"海上丝绸之路"的活跃，由南亚及欧洲传入中国的沉香、檀香、龙脑、乳香、鸡舌香等许多香料已成为王公贵族的佳用。道家思想的盛行及佛教的传入，也在一定程度上推动了这一时期香文化的发展。随着汉代香料品种的增多和用香要求的提高，人们不再满足于单品香料的使用，开始研究各种香料的作用和特点，并利用多种香料的配伍，制造出符合各种用香要求的特有的香气。于是，"香方"及"合香"便应运而生，人们从单品香料的使用，开始演进到多种香料的复合使用。

    所谓"合香"，是指"由多种香料依香方调和而成的香品"。合香的好处是可以克服单一香料的香气单纯微弱、功效单一的不足，使各种香料的基质经过融合醇化的

过程，散发出更加丰富浓郁、功效显著的复合香味。东方合香的制作，严格按照选定的合香方子进行，通常是以天然沉香为中心，白檀香为副（以达到阴阳平衡互补），研为细末，再根据需要佐以麝香、龙涎香、乳香、降真香、安息香、冰片、白芷、甘松等名贵香药材，炼蜜和匀，入窖陈放醇化月余后取出，或用手工团捏成珠丸以做佛珠手串，或塑造成合香佛像以供鼻观供奉，或模压成扳指、朝珠、斋戒香牌、辟疫香牌等以供佩戴。合香佛像供奉于家中，佛珠、扳指和香牌佩戴于身，均能起到清凉驱虫、芳香除臭、宁神静心、调中理气、保健养生之功效。

明清时期，山西的官宦显贵及富商大户，已十分注重香疗养生，他们常常花费重金配制合香用于日常生活，以达到防病理气、强身健体的目的。这十尊合香罗汉，便是明末清初的晋商大户或官宦人家供奉的香佛。经过漫长岁月的自然氧化、烟熏尘染，通体面貌已相当沧桑古旧，包浆浑厚而黑润。

这十尊罗汉最独特、最吸引人的首先是芳醇的香气。这香气一米开外即可闻到，浓郁醇厚、香中带凉，丰富而持久，供于家中，满室生香。用鼻子细细分辨之，其中似乎有沉香、檀香的香气，又好像微含龙涎香、犀角粉、冰片、蜂蜜及玫瑰花的成分，嗅之沁人肺腑，令人神清气爽。但要准确地说出其中的配方成分，恐非易事。

其次是简练传神的造型艺术。人物形象塑造并不追求工艺的繁复与精细，而是求形不求工，注重以形传神，追求神似。十尊罗汉虽均为坐姿，但形象和神态各异，并无一雷同。或瘦骨嶙峋，或体态丰腴；或盘腿静坐，或举手哈欠；或面目苍老，或相貌年轻；或神情凝重，或精神焕发；或低眉沉思，或举目凝望；或喜或怒，或躁动或安详……可谓穷形尽相，各殊其妙，堪称简练传神的艺术杰作。

"大河鉴宝"玉器及杂项鉴定专家／张保龙

清代　竹根雕雄狮滚绣球摆件

◎**藏品档案**

高 15.4 厘米，重 407 克。

整尊狮子系选用优质竹根并依其自然形态，采用立雕、浮雕、开丝及镂空技法精雕而成。

◎**市场参考**

包浆色泽漂亮，雕刻技法超绝，品相完好无裂，属于清代竹雕狮子的上乘之作。其市场参考价约 3 万元人民币。

◎**专家点评**

　　我国狮雕历史十分悠久，狮雕艺术高超非凡，各类狮雕艺术品多姿多彩。门第宅院、厅堂几案摆放狮雕艺术品，具有增添威仪、镇宅辟邪、招福纳瑞之功用。因而，各类狮雕艺术品长久以来一直深受国人的喜爱。两千多年来，随着历史的变迁、朝代的更替以及人们审美意识的变化，所雕狮子的形象，其神貌从汉至南北朝的气魄雄大、气焰逼人的神幻狮，发展为唐代雄强威猛的自由狮，进而发展为宋代较为驯化的羁绊狮，并最终发展为元明清时期的精巧细致的驯服狮。与此相对应，其功用也由最初的象征超凡的威力，转变为唐代的镇守辟邪，进而转变为宋代的护卫守门，最后转变为元明清时期的吉祥装饰。

这尊清代竹根雕滚绣球雄狮，是对狮摆件之中的一尊。久经岁月的熏染，竹色已呈深棕红色，其外表厚润如水的玻璃包浆发出灿然宝光，极具透润之感，令人一望而生喜爱之意。雄狮昂首蹲坐，蓬头大耳，凸额隆鼻，巨目环睛，大口微张，吐舌露齿。前爪捧着表面带镂孔和米字纹、系着金钱丝绦的绣球，高超的掏挖技法使得绣球中空，且内球能够滚动。综观整尊狮子形象，神态温顺憨厚，颇有哈巴狗乖巧娱人的神态，符合清代雕狮的形象特征。

尤其值得一提的是这尊狮子极为精细繁复的鬣毛及体毛雕刻。所雕鬣毛、体毛均细逾发丝，分缕排列，或长或短，或卷或披，排列有序，脉络清晰，层次分明。全身眉部、嘴侧、脑后、脊梁及尾部开丝雕毛计 36 绺，通体披毛计 30 绺，每绺开丝数量平均按 20 根线条计算，共计开丝 1300 多根线条。其开丝雕毛技法出神入化，堪称一绝。

"大河鉴宝"玉器及杂项鉴定专家／张保龙

清代　魁星点斗黄杨木雕像

◎**藏品档案**

雕像高 13 厘米。

黄杨木材质。木质细腻，包浆古朴浑厚，色泽黄润悦目，宝光亮泽，酷似年久之象牙。整体造型为一个相貌丑陋的鬼面人物，右足独立（足下所踩鳌头底座已丢失），左腿后翘如钩，一手捧墨斗，另一手执朱笔，意寓用笔点定中试者的名字，这就是"魁星点斗"。此雕像刀法细腻，打磨光润，衣纹流畅，形象传神，堪称明清时期同类题材中的优秀作品。

◎**市场参考**

这尊魁星点斗的黄杨木雕像，材质黄润细腻，雕技高超，形象生动，表达了古代文人期盼金榜题名、为国效力的美好愿望，具有较高的观赏与收藏价值。市场参考价约 1 万元人民币。

◎专家点评

　　"魁星点斗"是旧时参加科举高中状元的美称。魁星的出现,当源于古代的奎星(白虎七宿中的第一宿,共十六颗星)崇拜。古人认为奎星形状"屈曲相钩,似文字之画",所以汉代就有了"奎主文章"的说法。入宋以后,读书人信奉魁星的思想更为流行,且因"魁"有"为首""位居第一"的含义,又与"奎"同音,人们便逐渐弃用"奎星"而呼作"魁星"。在科举时代,民间流行有不少有关科考仕进的吉语,如"一登龙门""独占鳌头""魁星点斗"等,其中魁星点斗流行最广。

　　民间传说,魁星原本是一位满腹经纶的书生,虽屡次科考成绩优异,但均因相貌丑陋而屡试不第,最终愤而投海,幸被鳌鱼救起,升天成为主宰读书人科考命运之神灵——文曲星,其朱笔点定谁,谁就能魁名高中。明清时,常常将"魁星点斗"与"独占鳌头"的形象融合在一起,使魁星立于鳌头之上,而鳌的形象颇似鲤鱼,大概是把"独占鳌头"和"鲤鱼跃龙门"的传说互相糅合的结果。

　　黄杨木质地细腻,黄如象牙,且素无大料,因而成为小件文玩雕像的珍稀用材。用黄杨木雕成的古代人物佛像及文房雅玩,经人手摩挲把玩和岁月的浸染,愈加红润可爱、宝光灿然,在中外文玩市场上备受追捧,极为走俏,其价格一直居高不下。

"大河鉴宝"玉器及杂项鉴定专家／张保龙

第四节 | 精致·雕饰

商代　海涛蚌神纹骨雕

◎**藏品档案**

长 10.7 厘米，宽 5.7 厘米，厚 0.2 厘米。

材质为牛肩胛骨片，骨色黄中泛青，梳背造型，有残损。

◎**市场参考**

这件海涛蚌神纹骨雕，年代久远，存世量少，负载的历史、文化信息丰厚，具有较高的文物收藏价值。市场参考价约 8 万元人民币。

◎专家点评

　　这片骨雕背面光素，但有许多细小杂乱的类似虫蛀的痕迹。正面自外向内依次琢刻有波浪纹、单弦纹及短直线纹等三道边纹。中间主纹为海涛蚌神纹——浩瀚的海面上，波涛汹涌，一只巨大的海蚌浮现出来，张开双壳，露出怪异的形象，漏斗状身躯，倒三角脸型，头戴羽冠，肩生双螯。显然，这只海蚌是海神的象征，它正主宰并护佑着广阔的大海。推测这件骨雕应是近海部族酋长所使用的骨梳的梳背，上面刻绘的"大海蚌神"则是该部族供奉的神徽。它承载了殷商社会的生活、文化、宗教等信息，向我们透露出中华文明起源的某种秘密。

　　这件骨雕，应是使用高硬度的细石器刃具或青铜刀具雕刻而成，放大镜下观察：弧线为直刀雕刻，线条犀利，入刀与收刀处，刀痕细浅，中间刀痕粗深；直线则为斜刀削出，线条刚劲粗犷。细数得知，整片骨雕上面，共刻有346道直形与弧形线条，如果按每8道线条为一个汉字的话，其劳动量则相当于刻出43个甲骨文，其珍罕程度，非同一般。

　　　　　　　　　　　　　　　　　"大河鉴宝"玉器及杂项鉴定专家／张保龙

清代早中期 牙雕香囊

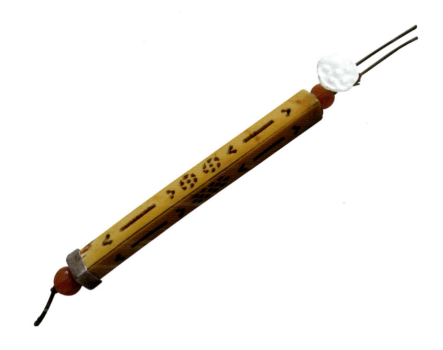

◎**藏品档案**

通长 12 厘米，净长 9.8 厘米，1 厘米见方。

选用一段亚洲象牙，运用整体掏膛和透雕工艺，精心雕琢而成。

◎**市场参考**

存世稀少，材质珍贵，制作精美，具有独特而深厚的香文化内涵。其市场参考价约 2 万元人民币。

◎**专家点评**

　　这枚牙雕香囊质地细腻密实、无翘无裂、温润如玉，足见牙质之优良。由于久经岁月的积淀、肌肤的滋养及香气的熏陶，其表面包浆似水，透润亮泽，色泽橙黄柔和，悦目而养眼。香囊呈长方体造型，四棱角起阴线，化僵硬为圆柔。下端镶方形银底托，上端嵌圆形小银帽，俱与囊体扣合严密。囊体中空，圆柱形内膛中盛满天然沉香香料。香囊四面透雕出两两对应的星辰、炮仗、风轮及菱形纹饰，用以透散香味。近鼻观之，依然香气扑鼻，沁人肺腑。此外，香囊两端各缀饰一颗大小有别的瓜棱形南红玛瑙珠，上端另点缀一朵小巧玲珑、脂润莹白的玉莲蓬，不仅增添了自然的意趣，而且在色彩上，牙黄、珠红、莲白，形成了鲜明的对比。观之给人以色彩鲜艳富丽、赏心悦目之感。

香囊又名容臭、香袋、花囊、荷包。这里所说的香囊，是指盛纳香料，佩于身、挂于帐或悬于香车等，用以提神醒脑、洁身祛秽、驱虫辟邪的饰物，亦是男女之间表露衷情的定情之物。我国古人佩戴香囊的历史久远，可以追溯到先秦时代。《礼记·内则》："衿缨皆佩容臭。"《玉台新咏·古诗为焦仲卿妻作》中有诗句："红罗复斗帐，四角垂香囊。"《定情》（三国·魏·繁钦）诗云："何以致叩叩，香囊系肘后。"《满庭芳》（宋·秦观）词："香囊暗解，罗带轻分。"《青玉案·元夕》（宋·辛弃疾）："宝马雕车香满路。"这些诗词的描述，即反映了我国古人佩用香囊的情况。如今的人们在每年端午节前后，仍然给孩子们佩戴香囊，以求驱虫辟邪、保佑平安。

香囊的质地种类很多，有彩丝绣制的，美玉、象牙镂雕的，金、银累丝的以及点翠镶嵌的。一般制成圆形、方形、椭圆形、倭角形、鱼形、葫芦形、石榴形、桃形、腰圆形及方胜形，等等。

不知是香的美妙吸引了中国的文人雅士，还是文人雅士的才情与智慧成就了香的美妙，从魏晋开始，许多文人雅士便以香为雅伴。进入唐宋，香更是完全融入了文人雅士的生活。读书办公有香为友，吟诗作赋有香相伴，抚琴品茗有香添韵，参禅论道有香致慧。书房卧室有香，灯前月下有香，独处静坐有香，出行访友有香，简直可谓文人无故，香不去身。此后香风长行，至明清而不衰。

这枚精美雅致的象牙香囊，正是我国清代早中期文人雅士以香为伴的力证，是他们精美雅致生活的见证，从一个独特的角度折射出中国传统香文化的璀璨光辉。

"大河鉴宝"玉器及杂项鉴定专家／张保龙

清代　象牙杆九眼天珠金刚杵

◎**藏品档案**

全长 16 厘米。

通体包浆厚润。杵杆选用优质象牙一体连做制成，色泽微黄，光滑圆润。杵杆造型为自下而上渐收的七级浮屠造型：连珠纹塔基、莲瓣形塔身、塔刹部由相轮、宝珠及尖顶构成，做工细腻，琢磨光润。杵下端用榫插法安装一个九眼天珠作为杵头。

◎**市场参考**

这支象牙杆九眼大珠金刚杵，材质神奇珍稀，品级高贵不凡，存世量极少，具有独特的宗教文化内涵和很高的文物、艺术价值。市场参考价约 30 万元人民币。

◎**专家点评**

　　这支金刚杵，天珠呈圆锥状，长 3 厘米，粗端直径 2 厘米，用西藏天珠原矿石（即天然西藏九眼石页岩）精心琢制而成，光滑莹润，缤纷多彩。天珠通身共有九个大小不一、单独或相连出现的天眼，是谓最神奇珍罕的"九眼天珠"。天眼有眼有珠、美丽清晰，莹白、浅绿、淡黄、黑褐多色相间，呈环带状有序排列，犹如年轮纹，层次异常分明。

　　金刚杵为藏传佛教密宗法器，象征如来金刚的智慧。从宗教信仰的角度讲，其具有破除愚痴妄想之内魔与外道诸魔障碍、摧灭烦恼、消灾除邪的神力。金刚杵的材质多种多样，常见的有铜、铁、石、水晶、檀木等，但用九眼天珠和象牙制作的金刚杵则极为罕见。这支金刚杵当为大德高僧修法所用之珍贵法器，品级甚高，弥足珍贵。

　　天珠又称"天眼珠"（史书记载为"九眼石天珠"），其矿物成分为九眼石页岩，主要产于喜马拉雅山域，是一种含有玉质及玛瑙成分且花色奇异、图案精美的稀有宝石，属藏密七宝之一。但是，真正意义上的天珠，仅指藏产天珠，据说只有西藏天珠内含天然而强烈的镱元素磁场能量，而具有辟邪、增强内气等功效。西藏人至今认为天珠是天降圣石，非福报深厚者无缘得之。

天珠有一眼、二眼、三眼直到九眼、十二眼、十八眼者，唯有九眼天珠被视为天珠之王。"九"在阳数（奇数）中最大，有最尊贵之意，藏族人对于这个数字推崇备至。九眼天珠汇集了九乘功德，代表了权倾天下的威势和普度众生的慈悲，因而成为藏族人民及许多佛教信众最为喜爱和尊崇的神奇宝珠。文成公主当年嫁给松赞干布时带有一尊佛像，在佛冠最显眼的位置上镶嵌的就是三颗九眼天珠。

真正的藏产"九眼天珠"，其市场价非常昂贵，通常要数万、数十万乃至上百万元人民币。

在 2009 年上海某家拍卖公司秋季艺术品拍卖会上，一颗朱砂大九眼天珠的成交价高达 4000 万元人民币。但目前市场上大量涌现的所谓"天珠"，其材质根本不是西藏天珠原矿石，而是用强碱、硝酸蚀刻的工艺玛瑙珠，也有用玻璃甚至树脂制成的天珠。这些鱼目混珠的"天珠"，毫无宗教文化内涵及文物、艺术价值，更无任何收藏价值可言。

"大河鉴宝"玉器及杂项鉴定专家 / 张保龙

1880年　瑞士女用怀表

◎**藏品档案**

表盘直径 4.2 厘米。

白色瓷盘，罗马数字刻度，红色分钟刻度，机芯是叉瓦式擒纵结构。表壳上清晰刻有 21014 号码，里外均有"亨达利"字样和标识。表款为猎表（开启位置在 3 点位，在 6 点位有秒针）。

◎**市场参考**

近年来，老怀表市场行情日渐走高，带珐琅工艺的怀表也受到藏家垂青，这款表的市场参考价约 2 万元人民币。

◎专家点评

　　表壳正面用珐琅彩描绘出一个漂亮的西洋仕女，背面用珐琅彩绘出徽制图案，表盘上，走过一个多世纪的表针依旧在安然走动。

　　这应是 19 世纪享誉中国的"亨达利"钟表公司在瑞士定制的一款手工表。最难得的是，其铜链不仅是原装，而且和表壳上的珐琅彩一样精美，让人爱不释手。

　　流行于 19 世纪的珐琅彩，是一种传统工艺，也是中西文化结合的产物。因精于珐琅彩的工艺师越来越少，所以，流通市场中的精品珐琅彩藏品并不多见。

"大河鉴宝"杂项鉴定专家／于韬

十年鉴宝十年情 **后记**

十年，小树可以参天；十年，少年可成英才。

当《大河鉴宝精品鉴定录》一书样稿拿在手中，我不禁心如潮涌、思绪万千，十年大河鉴宝的多少往事浮现眼前。几年来，出版《大河鉴宝精品鉴定录》的想法一直在酝酿、讨论，这是大河鉴宝专家的一个心结，也是组织单位的一个心愿，而最终决定出书的重要原因是大河鉴宝已经走过十个年头。

2004年6月19日，一个初夏明媚的日子，由河南主流媒体、发行百万的《大河报》创办的"大河鉴宝"活动首次在河南惊艳亮相，开全国平面媒体鉴宝活动之先河。这是一个大力推动中原收藏文化和鉴真辨伪、服务于藏友的平台！一时间，藏友奔走相告，民间收藏热情空前高涨。十年来，大河鉴宝立足郑州，辐射全省，并多次走出省外，以鉴宝活动为主，藏品展览、讲座、古窑址考察等活动并举，在收藏界和广大藏友中产生了广泛和良好的影响。

十年来，大河鉴宝传播的是"随风潜入夜，润物细无声"式的收藏知识与文化，收获的是一颗颗散落在中原大地、凝聚着厚重历史和文化的民间瑰宝。十年磨一剑，十年，根植中原沃土的大河鉴宝也铸就了一个闪亮的文化品牌，成为中原地区收藏文化的一面旗帜。

十年来，大河鉴宝见证了民间收藏的风生水起，见证了民间收藏队伍的日益壮大，也为自己集结了大批粉丝。每到鉴宝日，大河鉴宝的专家们和藏友们就如约到达活动现场，藏友们急迫求知，专家们耐心解答，大河鉴宝俨然成为中原地带传播收藏知识的一个课堂，让许多人从最初懵懂的爱好者成长为专业级玩家。就这样，大河鉴宝和藏友一起快乐成长！

十年来，一个由媒体组织的没有架构、没有管理，完全靠奉献精神而集结在一起的专家团队，牺牲宝贵的时间，为广大收藏爱好者提供收藏知识讲解与藏品辨伪等服务；他们实事求是，在越来越热的收藏浪潮和鉴宝乱象中，坚守着大河鉴宝专家团队的专业精神和高尚人格。就这样，一坚持就是十年！同时，大河鉴宝也用十年时间打造了一支高素质、高水准的专家队伍。这支专家队伍，既有文博系统资深学者、学术带头人，也有经验与眼光堪称一流的实力派鉴定高手。他们既有理论素养，又有犀利眼光；既有专业操守，又有公益之心。所以说，这是一个值得尊敬的专家团队！

尤其值得敬重的是：专家们鉴定之后，总是在第一时间就将各类有学术和研究价值的"宝贝"结字成文，以专家点评的方式，呈现在《大河报》的《大河收藏》周刊上。先是每周一次，后是隔周一次，从无间断，为收藏爱好者们提供了一个汲取收藏知识和了解市场行情的园地。

十年鉴宝十年情，这十年也是大河鉴宝专家委员会一起成长的十年，专家们互通有无、相互学习、共同探讨，充分体现了"在一起"的团队精神！

翻看这本鉴宝录，内容包括书画、陶瓷、钱币、青铜器、玉器、杂项，可算品类齐全，这是专家们按着品种、价值、学术地位等各种因素综合考量后，从自己十年来大量的点评文章里精心筛选出来的，感谢这些专家为本书出版所作出的努力和奉献。尤其是于建华和于倩两位老师，还做了大量的组织和联络工作。因为本书篇幅所限，所以只邀约了大河鉴宝的 6 位鉴定专家组稿编辑。这既是一次总结，也是一次尝试，为的是今后能有更好"宝贝"结集出书，能有更多的专家参与。

值得一提的是，这本鉴宝录中，大部分器物是中原本土的"宝贝"。一部河南史，半部中国史。透过这些精彩的专家点评，河南厚重的历史文化底蕴可见一斑。弘扬历史文化，这也是我们出版此书的另一个宗旨吧。

宋璟瑶

2015 年嘉平于梨花白茶舍

（宋璟瑶，《大河报》编辑，《大河报》大河收藏事业部总监，从事十余年收藏版的编辑管理工作。）